UDO PHILIPP

Zwischen Moral und Morast

UDO PHILIPP

Zwischen Moral und Morast

Die Vulkan-Connection

ULLSTEIN

Die Deutsche Bibliothek – CIP-Einheitsaufnahme

Philipp, Udo:
Zwischen Moral und Morast: die Vulkan-Connection /
Udo Philipp. – Berlin; Ullstein 1998
ISBN 3-550-06972-3

Satz: MPM, Wasserburg
Druck und Verarbeitung:
Graphischer Großbetrieb Pößneck GmbH, Pößneck
Printed in Germany
ISBN 3-550 06972-3

Gedruckt auf alterungsbeständigem Papier
mit chlorfrei gebleichtem Zellstoff

Inhalt

Vorwort

Der Konkurs der Bremer *Vulkan Verbund AG* gehört zu den wirtschaftlich schwerwiegendsten und gesellschaftlich folgenreichsten Firmenzusammenbrüchen in der Geschichte der Bundesrepublik Deutschland – und ist zugleich eines der dunkelsten Kapitel politischen Sittenverfalls und geldgierigen Ehrverlustes.

Ämter und Positionen wurden in einem kaum für möglich gehaltenen Ausmaß mißbraucht und für persönliche Interessen und Machtintrigen ausgenutzt. Mehr als zwanzigtausend Menschen verloren ihren Arbeitsplatz, weil eine Handvoll Manager und Politiker sich vom eigenen Gefühl und Größenwahn mehr leiten ließen als von den Ratschlägen nüchterner Analysten und Wirtschaftsprüfer.

Im Geflecht von Spekulation und Korruption findet sich mancher, der noch Jahre später in Amt und Würden steht, die Politik der deutschen Nation oder der Europäischen Union vertritt oder steuerbegünstigt ein Leben in Extravaganz und Luxus genießt.

Nur wenige der Verantwortlichen konnten juristisch zur Rechenschaft gezogen werden; der Hauptprozeß gegen den ehemaligen Vorstandsvorsitzenden Friedrich Hennemann ist zum Zeitpunkt des Erscheinens dieses Buches noch nicht abgeschlossen. Nicht wenige derer, die hier als Zeugen geladen sind, wissen, daß sie eigentlich mitangeklagt sein müßten.

Das vorliegende Buch versucht die komplexen Zusammenhänge zu entwirren und Licht in das Geflecht der düsteren Beziehungen zu bringen. Dabei entsteht durch die bloße Sichtung der Fakten eine Geschichte, die so unfaßbar klingt, als entstamme sie dem Drehbuch für einen Megathriller im Politmilieu.

Und alle spielen ihre eigene, wenig sympathische Rolle darin. Die Genossen vom Bremer SPD-Filz; die einstige Präsidentin der Berliner *Treuhand*-Anstalt und jetzige Chefmanagerin der EXPO 2000, Birgit Breuel; der ehemalige Bundeswirtschaftsminister und jetzige EU-Kommissar Martin Bangemann; der einstige Chef des Bundesnachrichtendienstes der nachmalige, langjährige Bundesaußenminister Klaus Kinkel, ja sogar der langjährige Bundeskanzler Dr. Helmut Kohl. Dazwischen machen adrette Lehrerinnen, Sekretärinnen und Bikiniverkäuferinnen bemerkenswerte Karrieren und tauchen auf hochdotierten Vorzimmerposten oder im Jet-Set des internationalen Waffenhandels Seite an Seite mit Topmanagern, dem EU-Kommissar oder – noch Jahre später – dem Bundesaußenminister auf.

Am Ende besteht kein Zweifel am tristen Fazit: Das politische Ethos und die Moral der sogenannten Verantwortlichen »in diesem unserem Lande« steckt tief im Morast. – Nur wer die Fakten kennt wird dagegen angehen können. Deshalb dieses Buch.

Udo Philipp

Das Boot

Nun zieht die Pfropfen
und genießt.

(Mephisto/Faust I, Auerbachs Keller)

»Mephisto« in Danzig

Das nasse Grau, von den kaschubischen Winden in die Stadt getragen, vermischt sich mit weißen Rauchfahnen über den Dächern. Die Türme der Kirchen und Kathedralen trotzen dem Novemberwetter. Nur einer unter ihnen, neu hinzugekommen, zeigt Spuren der Verwitterung. Häßlich ragt der Hotelklotz Hevelius in die grasssche Postkartenidylle, »der farbigen, immer etwas musealen, ständig mit dieser oder jener Kirchenglocke lärmenden Altstadt von Danzig«, durch die einst Oskar, der Blechtrommler, marschierte.

Die sakralen Renaissance-Türme haben hansische Kaufleute vor fast fünfhundert Jahren errichten lassen. Die Betonsäule des Hotels stammt aus einer Zeit, deren kommunistischer Charme so schnell verblaßte, wie das System, in dem sie einstmals entstand.

Anfang der neunziger Jahre, kurz nach dem Untergang dieser Epoche, hat es Pascal La Grou aus dem flämischen Gent in die polnische Werftenmetropole verschlagen. Er fühlt sich wie zu Hause. Nicht nur der hansischen Fassaden wegen. Pascal ist Bootsbauer, seine Geschäfte gehen gut. Bis in die achtziger Jahre gehörte Danzig zu den bedeutendsten Schiffbauzentren Europas. Doch dann erreichte die Werftenkrise auch Polen, mit fatalen Folgen. Allein an der Weichsel waren so viele Werftenarbeiter beschäftigt, wie in ganz Deutschland zusammen. Dort, wo Lech Walesa und die Genossen von Solidarnosc im Jahre 1980 ein neues Kapitel polnischer Geschichte aufgeschlagen haben, stehen inzwischen die meisten Kräne still, hängen ihre stählernen Arme bewegungslos über den leeren Docks der legendären Leninwerft, die nach dem Krieg auf den Trümmern der deutschen Schichau-Betriebe erbaut worden war.

Die Krise der polnischen Werftenindustrie konnte Pascal nicht davon abhalten, gerade hier, in Danzig, ein eigenes Unternehmen zu gründen. Im Gegenteil. Er profitiert von polnischen Billiglöhnen und Wechselkursvorteilen. Schiffe werden an der Weichsel zu einem Bruchteil der Kosten westlicher Werften gefertigt. Und mit ihm profitieren seine Kunden aus Belgien und Deutschland, die er mit seinem achtzylindrigen Jeep vom Danziger Flugplatz abholt – sofern sie nicht in der eigenen gepanzerten Limousine anreisen. Was sich eher nicht empfiehlt. Denn selbst solche Wagen werden geknackt und geklaut, mitunter sogar von den bewachten Parkplätzen der Hotels.

Pascal liebt das Nachtleben und mit ihm mancher seiner Kunden aus dem Westen, weshalb die Kellerbar im Hotel Hevelius zu einem wichtigen Ort für seine Geschäftsbeziehungen geworden ist. Polnische Mädchen und polnischer Wodka erleichtern hier manchen schwierigen Vertragsabschluß.

Pascal ist auch nach dem zwölften Wodka noch so nüchtern, daß er seine Freunde vor den überzogenen Preisen der süßen Begierde warnen kann. Einen klaren Kopf muß er auch behalten, denn er hat sich an ein Projekt gewagt, dessen Dimensionen ihm rasch über den Kopf wachsen könnten: Draußen, auf der einstigen Leninwerft, Dock Nummer dreizehn, liegt der Torso einer Yacht, die als größtes Segelschiff der Welt geplant war, aber nicht mehr vollendet werden konnte, bevor das Regime auch in Polen zusammenbrach. 110 Meter lang sollte der Urlaubssegler für verdiente Funktionäre werden, zwanzig Millionen Mark hatte die kommunistische Regierung bereits investiert. Weitere zwanzig Millionen fehlen, um in See zu stechen. Für nur eine Million ist die schwimmende Stahlruine zu haben. Pascal sucht Investoren. Die allerdings sind nicht leicht zu finden, und so muß er sich vorerst mit kleineren Aufträgen begnügen. Projekte immerhin, die ihn mit einflußreichen Leuten und großen Geldbörsen zusammenbringen.

Und so hat er mit seiner kleinen *Vace-Werft* – benannt nach den Anfangssilben der Namen seiner beiden Söhne Valeri und Cesar bald schon den Neid der Danziger Kollegen geweckt. Während die angestammten, polnischen Werften nacheinander schließen müssen, kann der Flame vor Arbeit nicht schlafen. Seit 1995 baut Pascal an einer 43-Meter-Yacht, Projektname »Mephisto«. Ein Auftrag in Höhe von drei bis fünf Millionen Mark, je nach Ausstattung. Ein Auftrag mit vielen Hindernissen, doch die ahnt Pascal zu diesem Zeitpunkt noch nicht. Seine Geschäftspartnerin ist eine exquisite Gemeinschaft von Segelfreunden aus Deutschland, die sich am 25. Mai 1994 in Buxtehude zu einer Kommanditgesellschaft zusammengeschlossen hat. Neben der Firma *Führungsforum*, *Gesellschaft zur Qualifizierung von Führungskräften* mit einer Einlage von 1,25 Millionen Mark, deren Geschäftsführer der Journalist Lothar Mahling ist, ließen sich ins Handelsregister neun Personen eintragen, von denen mehrere zugleich auch Gesellschafter des *Führungsforums* sind. Lothar Mahling mit einer Einlage von 100 000 Mark, in selber Höhe der Politiker Torsten Wolfgramm; sodann der Rechtsanwalt Dr. Paul Weissenberg und der Kriminalbeamte Erich Lachenmayer mit jeweils 75 000, der Kaufmann Moritz Hunzinger und der Rechtsanwalt Dr. Martin Bangemann mit jeweils 300 000 Mark, der Industriekaufmann Dieter Eggen mit 200 000 Mark und die Beamten Dr. Helmut Schmitt von Sydow und Michael Niebel mit jeweils 50 000 Mark. Die Genannten gehören sämtlich zu der exklusiven Familie um den FDP-Politiker und EU-Kommissar Martin Bangemann. Die Besitzverhältnisse sollten sich in den nächsten Jahren noch einige Male ändern, die Summe der Einlagen in Höhe von ursprünglich 2,5 Millionen um mehrere hunderttausend Mark erhöhen.

Der EU-Kommissar Martin Bangemann, der das Projekt für die Gemeinschaft zu betreuen scheint, kommt meist in Begleitung eines weiteren kapitalträchtigen Herren auf die Vace-Werft: Friedrich Hennemann, Vorstandsvorsitzender des europaweit größten Werftenverbundes, der Bremer *Vulkan Verbund AG*. Pascal ist beeindruckt vom EU-Kommissar. Der versteht was vom Schiffbau, jedenfalls mehr als sein Bremer Freund.

Kleine Verträge erhalten die Freundschaft

Die eigentliche Bauaufsicht für die »Mephisto«-Yacht liegt bei der *Volkswerft Stralsund*. Die Schiffbauer aus der ehemaligen DDR haben nach wie vor beste Beziehungen zu den polnischen Kollegen. Hennemann sagt heute, es sei

Bangemanns Idee gewesen, die Privatyacht in Polen bauen zu lassen. Schließlich werde auf polnischen Werften nicht nur preiswerter produziert, man tue im übrigen ein gutes Werk, indem man die notleidenden Betriebe eines politischen wichtigen EU-Aspiranten unterstütze. Er selbst, so Hennemann, habe den Gedanken zwar begrüßt, zugleich aber auf die mitunter bedenkliche Arbeitsmoral und Produktqualität der Polen hingewiesen. Deshalb sein Vorschlag, die Yacht des Freundes zwar in einer polnischen Werft aber unter deutscher Aufsicht bauen zu lassen. – Die Fäden beginnen sich zu verschlingen, privates Vergnügen, wirtschaftliches Vorteilsstreben und politische Überheblichkeit werden eins.

Hennemann überzeugt den Freund aus Brüssel davon, hochsubventionierte, deutsche Fachleute für den Bau der »Mephisto« in Danzig abzustellen, zum Selbstkostenpreis, versteht sich. Doch der wird seltsamerweise nie bezahlt.

Im Juli 1994 werden die Verträge geschlossen. Zunächst zwischen der *SS Mephisto GmbH & Co KG,* vertreten durch Geschäftsführer Lothar Mahling mit Sitz im baden-württembergischen Esslingen, und der *NSB Niederelbe Schiffahrtsgesellschaft* in Buxtehude. Die *Vulkan*-Tochter *NSB* übernimmt die buchhalterische Verwaltung des Projekts und schließt ihrerseits eine Vereinbarung mit der *Stralsunder Volkswerft*, ebenfalls ein Tochterunternehmen der Bremer *Vulkan Verbund AG*:

»Die NSB ist von *SS Mephisto GmbH & Co KG* beauftragt worden, für das Objekt Mephisto in Danzig bis zu dessen Ablieferung die Bauaufsicht zu führen. Da VWS in Herrn Rasmus Rades, geboren am 12. 6. 1937, wohnhaft in 18439 Stralsund, über einen für diese Aufgabe besonders qualifizierten Ingenieur verfügt, vereinbaren die Parteien folgendes:

1. *VWS* wird im Auftrag des *NSB* Herrn Rasmus Rades zu der Bauwerft nach Danzig entsenden und mit der Durchführung der Bauaufsicht betrauen.

2. Für diese Dienste zahlt *NSB* an *VWS* in der Anlaufphase des Jahres 1994 DM 650 für jeden Tag, an dem Herr Rades als Bauaufsicht in Danzig tätig war. Bei dieser Tagesrate handelt es sich um eine Pauschale, die sämtliche Kosten und Auslagen umfaßt.

3. Ab 1. 1. 1995 zahlt *NSB* an *VWS* für die Dienste des Herrn Rades eine monatliche Pauschale von DM 13 500, in der ebenfalls sämtliche Kosten und Auslagen enthalten sind. Von der Gesamtsumme werden diejenigen Kosten abgezogen, die von der *SS Mephisto* direkt an Herrn Rades erstattet wurden. Die Zahlungen sind nach Abnahme des Schiffes in einer Summe fällig.«

Zwischen der *Volkswerft Stralsund* und dem Ingenieur Rasmus Rades wiederum, wurde mit Wirkung vom 1. Januar 1995, ein Dienstvertrag geschlossen, befristet bis zum Ende jenes Monats, in dem die Ablieferung des Objektes »Mephisto« an den Auftraggeber erfolgen wird. Unter anderem heißt es im Angebot zu diesem Vertrag: »Sie sind als freier Mitarbeiter für die *Volkswerft Stralsund* tätig. Sie erbringen im Rahmen des Dienstvertrages für die Volkswerft die in der Anlage 1 aufgeführten Leistungen. Ihnen obliegt es, Art und Weise zu bestimmen, wie die in der Anlage 1 aufgeführten Ziele der Tätigkeit erreicht werden. Während der Dauer des Dienstvertrages wird Ihnen ein Pkw durch die *Volkswerft Stralsund* zur Verfügung gestellt.

Für die zur Realisierung der in der Anlage aufgeführten Leistungen zahlt die *Volkswerft Stralsund* eine Pauschale von 12 205 DM. Damit sind alle Aufwendungen im Zusammenhang mit der Realisierung der vereinbarten Leistungen abgegolten. Der freie Mitarbeiter verpflichtet sich in dem Dienstvertrag, über alle während der Dauer der Tätigkeit bekannt werdenden betrieblichen Vorgänge und Geschäftsgeheimnisse, auch nach Beendigung des Dienstvertrages, Stillschweigen zu wahren. Das gilt auch für den Inhalt des Dienstvertrages.«

Die »Anlage 1« besteht aus einem DIN-A4-Blatt mit einem Text von anderthalb Zeilen Länge: »Ziel der Tätigkeit: Durchführung der Bauaufsicht für das Objekt Mephisto in Danzig bis zur Ablieferung an den Auftraggeber.«

An die Absprache des Stillschweigens wird sich Rasmus Rades unbenommen aller eintretenden Entwicklungen strikt halten. Auch Werftchef Hartmut Rausch wird nie sehr gesprächig sein. Lediglich die bis zum Konkurs der Bremer *Vulkan Verbund AG* angefallenen Kosten für die Bauaufsicht wird er den Kollegen in Buxtehude durch seinen Prokuristen Horst Grützmacher in Rechnung stellen lassen: 294 572 Mark und fünfzig Pfennig. »Wir bitten um sofortigen Ausgleich.« Doch das Geld trifft nie in Stralsund ein. Die Summe wird als Verlust abgebucht. Für Grützmacher ein klarer Fall von Vetternwirtschaft: Der Vorstandsvorsitzende des *Vulkan* Verbundes, Friedrich Hennemann, habe seinem Brüsseler Subventionsbeschaffer Martin Bangemann eine Gefälligkeit angedient, so Grützmacher später in einem Interview mit der *Süddeutschen Zeitung.* »Es war zunächst noch nicht einmal beabsichtigt, eine ordentliche Abrechnung für die Mephisto Bauaufsicht anzufertigen. Der Vorgang sollte offenbar an der Buchhaltung vorbeigehen.« Für die *Süddeutsche Zeitung* eine zumindest nachvollziehbare Anschuldigung.

»Denn«, so schreibt das Blatt am 5. Januar 1998, für Friedrich Hennemann, »der es stets verstand, Politiker jeder Couleur für seine Geschäfte einzuspannen, stand einiges auf dem Spiel. Schon lange jonglierte der Konzern hart am Rande der Pleite. Der *Vulkan*-Werften-Verbund war insbesondere auch auf das politische Wohlwollen der EU-Kommission angewiesen.«

Friedrich Hennemann indes beteuert, er habe sich um den Vorgang, den er selber mitinitiiert hatte, im weiteren Verlauf nicht mehr gekümmert. Das aber würde in diesem Fall bedeuten, daß er regelrecht beiseite geschaut haben muß. Denn mit der *NSB Niederelbe Schiffahrtsgesellschaft* stand Hennemann in den betreffenden Jahren in ständigem, sehr engem Kontakt. Die Reederei gehörte zu den wenigen Töchtern des *Vulkan* Verbundes, die Gewinne machten.

Auch Martin Bangemann wehrt sich heftig, wenn jemand versucht ihm in Sachen »Mephisto« unlautere Geschäfte vorzuwerfen. Er, so sagt er, habe seine Anteile an der Yacht bereits im Jahre 1994 verkauft. Das Erinnerungsvermögen des EU-Kommissars läßt zu wünschen übrig. Aus dem Register des Amtsgerichts Buxtehude ist das genaue Datum abzulesen: Unter dem 12. Mai 1995 steht dort, daß der Kommanditist Dr. Martin Bangemann aus der Gesellschaft ausgeschieden ist. Dafür hat sich im Wege der Sonderrechtsnachfolge die Einlage des Kommanditisten Lothar Mahling um 500 000 Mark auf 700 000 Mark erhöht.

Und Pascal, der flämische Werftenchef in Danzig, sagt, er habe sich noch während der Endphase des Rohbaus der Yacht im November 1997 von Martin Bangemann das Okay für eine Alleinverantwortung vor Ort eingeholt, da ihm die Bootsbauer aus Stralsund allzuoft auf unsachgemäße Weise ins Handwerk gepfuscht hätten. Wie aber konnte er sich von Martin Bangemann das Okay einholen, wenn dieser, wie er behauptet, gar nicht mehr im Boot der »Mephisto«-Mannschaft saß? – Merkwürdigkeiten, die mit denkwürdigen Anekdoten ineinander gehen, sobald Pascal zu erzählen beginnt.

Bangemannsche Schrecksekunden

Zum Beispiel erinnert er sich an ein Treffen mit Martin Bangemann und Vertretern der Bauaufsicht für die »Mephisto«-Yacht in der Kellerbar des Danziger Hotels Hevelius. Wie meist, wenn er nicht mit dem Privatjet fliegt, kommt der EU-Kommissar mit seinem gepanzerten Dienstwagen aus Berlin. Und wie so oft sitzt Martin Bangemann selbst am Steuer, sein polnischer Chauffeur auf dem Beifahrersitz. Warum, so fragt sich Pascal haben sie dieses Mal ausgerechnet dieses zwielichtige Etablissement als Treffpunkt gewählt, diesen Tummelplatz der polnischen und russischen Mafia? Warum ist der Kommissar nicht wie üblich und standesgemäß im *Grand Hotel* zu Sopot abgestiegen, wo Bangemann doch jedes Mal von der Hotelsuite schwärmt, in der einst der französische Staatspräsident Charles de Gaulle gewohnt habe, als er während seines Staatsbesuchs 1967 Schlagzeilen mit den Worten machte: Endlich sei Danzig polnisch.

Wie auch immer – Schlagzeilen hat Bangemann mit seinem Treffen im Hotel Hevelius auch gemacht. Es ist der 21. März 1995 – laut seiner Version hat er zu diesem Zeitpunkt schon nichts mehr mit dem Bau der »Mephisto«-Yacht zu tun. Dennoch sitzt er inmitten der »Mephisto«-Mannschaft um die Bauzeichnungen des Travemünder Boots-Architekten Ullmann herum. Pascal bemängelt dreisprachig: Das Süll der Ausstiegsluken am Vorderdeck habe man vergessen. Werden die Sicherheitsumrahmungen nachträglich angeschweißt, stören sie die Silhouette der Yacht. Noch mehr aber wird das Manko den Germanischen Lloyd stören, den TÜV des Schiffbaus. Für Martin Bangemann sind das Kleinigkeiten. Er erfreut sich offensichtlich bester Laune, bis sich von hinten sein Bodyguard nähert und dem Brüsseler Schwergewicht einige wenige Worte ins Ohr flüstert. Der Dicke scheint für Sekunden seine drei Zentner zu vergessen und schnellt von seinem Sitz wie von Taranteln gestochen. Der Dienstwagen ist weg, spurlos verschwunden, geklaut im Morgengrauen am zwielichtigsten Ort. Bangemann passiert das nun schon zum zweiten Mal. Zuletzt war's ein Daimler, diesmal ein BMW. Zwei Dienstwagen im Wert von jeweils 400 000 Mark. Hinter vorgehaltener Hand beginnt man zu munkeln, dreiste Verdächtigungen machen die Runde. Keine schlechte Quelle, so ist zu hören, für die Finanzierung einer Yacht. Wenige Wochen später wird der Wagen an einer Scheune unweit von Danzig wiedergefunden. Die Ware scheint den Dieben zu heiß gewesen zu sein. Möglicherweise hatten sie auch nicht gewußt, daß das Fahrzeug mit einem Ortungssystem ausgestattet war. Zu heiß scheint nach diesem Erlebnis – genauer gesagt: *erst* nach diesem Erlebnis – die Angelegenheit »Mephisto« auch für Martin Bangemann geworden zu sein. Sechs Wochen nach dem Diebstahl seines Dienstwagens in Polen tritt er als Gesellschafter aus der *SS Mephisto GmbH & Co KG* aus. Die Presse hält sich, vor allem in Polen, erstaunlich zurück.

Martin Bangemann, so sagt man in Brüssel und so weiß man es in Warschau und Danzig, ist innerhalb Europas »die dritte Instanz nach dem Lieben Gott«. Was den Beitritt Polens in die EU betrifft, wird seine Stimme nicht ohne Einfluß sein. Also kommt die Geschichte zwar auf die Titelseiten; die Fragen jedoch werden verhalten gestellt. So steht in der Danziger Zeitung *Wieczob Wybrzeza:* »Die Reporter unserer Zeitung stellen fest, daß sich der Kommissar eine Yacht im Werte von mehreren Millionen Mark bauen läßt. Woher er das Geld hat? Dieselbe Frage stellen sich die Mitglieder der EU. Die letzte leise Visite in Danzig ging für Bangemann nicht sehr angenehm zu Ende. Am 21. März wurde vor seinem Hotel Hevelius der gepanzerte BMW 750 gestohlen. Es ist überflüssig, wenn wir bemerken, daß Bangemann in privaten Angelegenheiten mit dem Dienstwagen unterwegs war, um den Fortschritt am Bau seiner Yacht zu kontrollieren.«

Man gönnt sich ja sonst nichts

Zwischen schwarzen Kohlehalden und Schiffsrumpf in den Danziger Himmel. Zehn Meter mißt der Bootskörper ohne Masten. Die werden die Yacht noch einmal um 30 Meter nach oben verlängern. Die Breite beträgt ebenfalls 10 Meter und vom Bugsprit bis Achtern mißt »Mephisto« stolze 43 Meter. »Mephisto« liegt schwer auf der Westernplatte, verspallt am Boden, als wollte er die Helge der sandigen Halbinsel der Weichselnehrung erdrücken: 250 Tonnen Gewicht, wenn der Kiel mit 20 Tonnen Blei ausgegossen ist. Unvorstellbar, wie dieses Monstrum von Yacht einmal in den Seitenarm der Mottlau über die Kaimauern geschoben wird, wo die Boote der Küstenwache dümpeln. Bis dahin werden noch Monate vergehen. Der Rumpf ist sandgestrahlt, die Antikorrosionsfarbe aufgetragen. Bei näherem Hinsehen werden Sparmaßnahmen sichtbar: Die Schweißnähte der Stahlplatten sind nicht abgeschliffen, verspachtelt und poliert. Die *Mephisto-Gesellschaft* hat beschlossen, auf solche Schönheitsoperationen zu verzichten. Damit werden mehr als eine Million Mark eingespart. Für die Malerarbeiten mußte nach Pascals Erfahrungen in Deutschland mindestens eine weitere Million bezahlt werden. In Polen nicht mal 200 000 Mark. Noch 20 000 Arbeitsstunden müssen finanziert werden. Achtzehn Mann sollen Tag und Nacht 8000 Meter Kabel verlegen und die zwölf Kabinen ausbauen. Damit es nicht zu teuer wird, mit einfachem Holz, afrikanisches Teak bleibt dem Deck vorbehalten. Noch führt die wacklige Stahlstiege außenbords auf ein nacktes Deck. Hinter der Kapitänsbrücke mit Steuerstand und Ruder liegt die Kombüse. Ein riesiges Loch gibt den Blick frei auf den Boden des Rumpfes. Dort wird der 1000-PS-Motor eingebaut. Überpowert, meint Pascal. Doch was geliefert wird, baut er auch ein. Koste es, was es wolle. Geliefert werden muß noch eine Menge: Winschen, Masten, Großmast mit Baum und der Besan. Das gesamte Rick mit Stangen und Wanten. 400 qm Segel in zweifacher Ausfertigung. Spill und Anker. Allein die Segel sollen mindestens eine halbe Million Mark kosten.

Die *Mephisto GmbH* wird solche Kosten einfach weiterreichen an ihre Kundschaft. Lothar Mahling hat großes vor. Nicht nur mit Pascal als Rudergänger und Martin Bangemann als Steuermann die Welt umsegeln, sondern Geschäfte machen. Die Yacht soll für exklusive Management-Seminare verchartert werden, von Mahlings Reisebüro.

In der deutschen Presse findet sich erst Wochen später in der Bild am Sonntag vom 9. April 1995 eine kleine Meldung über die Eskapaden des EU-Kommissars in Polen. Hintergründe und Zusammenhänge allerdings bleiben dem Leser verborgen. Kein Wort über Bangemanns Verbindungen zur Bremer *Vulkan Verbund AG*. Weitere drei Jahre wird es dauern, bis der Fall vom deutschen Fernsehen aufgegriffen und detailliert nachrecherchiert wird. Viel ist in der Zwischenzeit geschehen, von dem im Folgenden die Rede sein wird. So viel, daß die »Mephisto«-Affäre nur eine von zahlreichen wilden Blüten in einem Gestrüpp aus Geldgier, Machtstreben und Selbstüberschätzung sein wird. – Eine von vielen, aber eine bezeichnende.

Die Akteure

Mir ist ganz tugendlich dabei,
ein bißchen Diebsgelüst,
ein bißchen Rammelei.

(Mephisto/Faust I)

Ich und Ich – Die Freundschaft zweier deutscher Männer

Einst trafen sich zwei, die beide nur einen kannten: sich selbst, und die beide nur eines wollten. Ein Quentchen mehr von Macht und Geld. Friedrich Hennemann, der Werftenboß aus Bremen und Martin Bangemann, der Kommissar der Europäischen Union mit Sitz in Brüssel, schlossen, was der Volksmund eine Männerfreundschaft nennt. Das eigene Wirken sollte fortan auch zum Nutzen des anderen sein.

Hennemann hat als langjähriger Staatsrat des Senats in Bremen gelernt, wo die Geldtöpfe stehen und wie man an öffentliche Mittel für eigene wirtschaftliche Zwecke gelangt. Bangemann wird als Vizepräsident der Europäischen Union seinen Einfluß geltend machen, wenn es darum geht, neue Subventionen zu besorgen. Im Gegenzug wiederum erhält die Kommission in Brüssel wirtschaftspolitische Konzepte, Strategiepapiere und Argumentationsgrundlagen aus Bremen – Material, das sich günstig für beide Seiten einbringen läßt in Rahmenprogramme der EU für Forschung und Entwicklung. Am Ende fließen, trotz erheblicher Bedenken des Wettbewerbskommissars Karel van Miert – einem entschiedenen Kritiker von Bangemann in Brüssel – Milliarden in den Aufbau der Ostwerften des Bremer *Vulkan* Verbundes. Wofür man sich dort seinerseits wieder erkenntlich zeigt und über eine Tochtergesellschaft – in diesem Fall die *Volkswerft* in Stralsund – eine viertel Million Mark locker macht für die Freuden des Freundes in Brüssel – man nennt es »Kostenbeteiligung für die Bauaufsicht« der Mephisto-Yacht in Danzig. So war es ein Geben und ein Nehmen, und es hörte lange noch nicht auf ...

Diener zweier Herren – Horst Jürgen Lahmann

Zueinandergefunden haben die beiden Protagonisten über den Bremer FDP-Politiker Horst Jürgen Lahmann. Hennemann lernt Lahmann während seiner Zeit als Senatsdirektor der Bremer Landesregierung kennen, ein Posten auf den ihn 1974 der damalige Bürgermeister Koschnik berufen hat.

Bangemann und Lahmann wiederum sind alte Kameraden und pflegen eine Freundschaft, die in guten wie in schweren Zeiten eng zusammenhält. Mitte der achtziger Jahre war Lahmann wegen zweckwidriger Verwendung von Fraktionsgeldern ins Visier der Staatsanwaltschaft geraten. Das Verfahren wurde eingestellt, nachdem er den strittigen Betrag aus eigener Tasche zurückzahlte. Als wenig später die FDP den Wiedereinzug in die Bremer Bürgerschaft verpaßte und Lahmann seinen Job als Berlin-Beauftragter des Senats verlor, bot ihm sein Freund Bangemann Unterschlupf und neue Sicherheit – als »Sonderbeauftragter der Europäischen Kommission, Kabinett

Bangemann«. Sechs Büros und acht Telefonnummern unterhält der quirlige Bremer in dieser Funktion. Erreichen kann man ihn dennoch kaum. Unermüdlich organisiert er Veranstaltungen mit Beteiligung oder unter der Schirmherrschaft des Europa-Politikers, persönlich kümmert er sich um dessen Öffentlichkeitsarbeit, und höchstpersönlich sammelt er, wenn es sein muß, sogar Geld, um einen Auftritt seines Herrn und Freundes zu ermöglichen. Solche Auftritte kosten den Sponsor 30 000 Mark. Dafür gibt es ausgiebig zu essen und gut zu trinken, manchmal eine Bootsfahrt auf der Spree.

Lahmann selbst versteht es virtuos, viele Posten zu verknüpfen. Seinen Vertrag als Berater des Bremer Werftenverbundes unterzeichnete er zu einer Zeit, als er den Bremer Senat noch als Repräsentant in Berlin vertrat. Sein Gehalt als Beamter belief sich auf 150 000 Mark im Jahr, sein Nebenjob brachte ihm weitere 500 Mark am Tag, zusammen also 270 000 Mark im Jahr – zuzüglich Spesen, die in manchen Monaten ein stattliches Niveau erreichen. Im Oktober 1995 zum Beispiel, zu einem Zeitpunkt also, als der Bremer *Vulkan* schon unmittelbar vor der Pleite steht, reicht der »Berater« Lahmann Spesenabrechnungen über 84 078 Mark zuzüglich Mehrwertsteuer ein. Friedrich Hennemann war zu diesem Zeitpunkt Vorstandsvorsitzender. Einen Monat später räumt er seinen Stuhl, und noch einen Monat darauf bekommt auch Lahmann mitgeteilt, daß seine Dienste »nicht mehr erforderlich und nicht mehr hilfreich« seien.

Eine Dummheit macht auch der Gescheiteste – Friedrich Hennemann

Nichts, so scheint es, kann das Bild korrigieren, das dieser Mann geschafft hat, von sich aufzubauen. Selbst seriöse Dokumentationen wie das Munzinger Archiv haben gleichsam einen Weichzeichner vor die Linse gelegt, wo es um eine Darstellung von Leben, Werk und Wirken Friedrich Hennemanns geht:

»Friedrich Hennemann wurde am 17. April 1936 als erster von vier Söhnen eines Flugzeugmonteurs in Worpswede bei Bremen geboren. Ausbildung: Nach der mittleren Reife durchlief Hennemann eine Lehre als Verkehrskaufmann bei einer Bremer Seehafenspedition und war danach kaufmännischer Angestellter beim Norddeutschen Lloyd in Bremen. Daneben besuchte er ab 1958 das Abendgymnasium und holte im Februar 1961 das Abitur nach. Anschließend absolvierte er bis 1963 ein pharmazeutisches Praktikum und studierte Pharmazie an der TH in Karlsruhe, 1966 legte er dort das Staatsexamen ab. Ebenfalls in Karlsruhe studierte er anschließend mit einem Stipendium der Stiftung Volkswagenwerk Wirtschaftswissenschaften. 1997 promovierte er mit einer Arbeit über Organisationsstruktur und Produktion im Ausland zum Dr. rer. pol.

Wirken: Nach einigen Berufserfahrungen in der chemischen Industrie trat Hennemann in den bremischen Staatsdienst ein und war etwa zehn Jahre (als SPD-Mitglied) Senatsdirektor (Staatssekretär) beim bremischen Senat für Wirtschaft und Außenhandel. In dieser Funktion hatte er einen guten Einblick in die gesamte Wirtschaft der Hansestadt. Als Senatsdirektor war er Anfang der achtziger Jahre an der Bildung des Werftenverbundes beteiligt.

Im März 1987 wurde Hennemann auf Vorschlag des damaligen Krupp-Chefs und Aufsichtsratsvorsitzenden der damals nahezu konkursreifen Bremer Vulkan AG, *Wilhelm Schneider, in die Vorstände des* Bremer Vulkan *und der Seebeckwerft berufen. Beim* Vulkan *übernahm er das Ressort Finanzen. Zum 1. November 1987 wurde er Vorstandsvorsitzender der* Bremer Vulkan AG.

Die Berufung des Staatsbeamten Hennemann in das Vulkan-*Management war zunächst mit einiger Skepsis aufgenommen worden. Doch ging Hennemann seine neue Aufgabe mit überraschendem Elan, mit Kompetenz, Geschick und Optimismus an. Er verwies auf die Fähigkeit der deutschen Werften, die in einer immer arbeitsteiligeren Produktion anfallenden Standardbausteine zu hochkomplexen Systemen zusammenfügen. Er bemühte sich um die Verbindung der Schiffbauaktivitäten mit starken Schiffpartnern, setzte aber auch auf Diversifizierung und leitete in erstaunlich kurzer Zeit eine Entwicklung ein, die aus dem Werftenunternehmen einen maritim ausgerichteten Technologiekonzern werden ließ.«*

Die Sätze des Munzinger Archivs klingen, als kämen sie aus der Feder des Porträtierten selbst. Mit spürbarer Achtung wird Hennemanns krisenpolitisches Expansionsmanagement skizziert, das mehr als hundert Firmen in der *Vulkan AG* zusammenführt. Die ertragreichste Übernahme war die der DASA-Unternehmen *Deutsche Marinetechnik GmbH*, Hamburg, und der *Marine- und Sondertechnik GmbH*, Bremen, die beide in die *Vulkan*-Tochter *Systemtechnik Nord* eingebracht wurden, einem der Grundsteine für Hennemanns Vision von einem modernen europäischen Technologiekonzern mit maritimem Schwerpunkt. Die meisten anderen der zugekauften Firmen jedoch erwiesen sich als zu schwer angeschlagen. Insbesondere die Übernahme der Ostwerften in Mecklenburg-Vorpommern die *MTW*, Wismar, die *Volkswerft*, Stralsund, das *Dieselmotorenwerk*, Rostock, verlief – trotz *Treuhand*-Unterstützung in Höhe von zwei Milliarden Mark – gänzlich entgegen aller Hennemannschen Prognosen und Versprechungen.

Im Herbst 1995 waren die Konzern-Konstruktionen des *Vulkan*-Chefs selbst für Kenner der Materie bis zur Undurchsichtigkeit verworren. Immer öfter wurden Klagen über mangelnde Kooperationsbereitschaft und egozentrische Entscheidungsfindung laut. Als Hennemann im September bei den Banken einen kurzfristigen Kredit in Höhe von 300 Millionen Mark beantragte, drängten die Banker den Aufsichtsrat, sich von ihrem Vorstandsvorsitzenden zu trennen. Im Munzinger heißt es dazu lakonisch: *»Hennemann trat noch im gleichen Monat zurück, blieb zunächst kommissarisch bis zur Berufung eines Nachfolgers im Amt, warf dann aber im November das Handtuch und schied – offenbar unter dem Druck der Banken – aus dem Unternehmen aus.«*

Zumindest präzisieren muß man einige Details in diesem Bild. Udo von Stebut, einst Vorstandskollege von Hennemann bei der *Vulkan AG*, bezeichnet Hennemann im Gespräch als »Diktator«. Auf einer beiläufig hingeworfenen Skala, die links unten »die Dummen und Faulen«, rechts oben »die Fleißigen und Intelligenten« vermerkt, stellt er Hennemann in die oberste rechte Ecke, wo er zuvor noch Hitler plaziert hat. Das seien die Leute, so sagt er, vor denen man sich am meisten in acht nehmen müsse.

Hennemann, so von Stebut, habe sich 1987 regelrecht an die Spitze der *Vulkan AG* geputscht. In Abwesenheit des seinerzeitigen Vorstandsvorsitzenden Wolf Elmar Warning, der sich im Urlaub befand, habe er die Kollegen mit einer Unterschriftenaktion konfrontiert, die Warning Inkompetenz und Unfähigkeit zur Führung des Konzerns vorwarf. Schon wenig später, am 1. November des Jahres, war der Finanzvorstand am Ziel und löste den in der Tat nicht sehr glücklich, doch beileibe nicht inkompetenten und führungsschwach operierenden Warning als Vorstandsvorsitzender ab. Nur acht Monate hatte Warning den Posten innegehabt. Wenig Zeit für ein Krisenmanagement dieser Dimension.

Daß Hennemann sich anschließend acht Jahre als Vorstandsvorsitzender der *Vulkan AG* halten konnte, verdankt er nach Meinung von Stebuts vor allem seinem Geschick, Bilanzen zu schönen und zugleich die Forderung des Aufsichtsratsvorsitzenden Scheider nach einem Controller so lange zu hintertreiben, bis Scheider sich selbst zum Rücktritt entschloß. Kurz zuvor hatte Hennemann ihn durch Anspielung auf sein hohes Alter noch öffentlich in Mißkredit zu bringen versucht. An die Stelle Scheiders trat im Aufsichtsrat Johannes Schäffler, von den *Vereinigten Flugzeugwerken*, Bremen, für Hennemann schlicht der »Schrauben-Johannes«, ein Kumpel aus alten Tagen.

Von Stebuts Vergleiche sind kraß, seine Urteile hart. Auch er ist ein Opfer von Hennemanns Führungsstil. Als Außenseiter war er von der Donau an die Weser gekommen, in Zusammenarbeit mit dem Betriebsrat wollte er versuchen, Strukturmaßnahmen und Arbeitsplatzsicherung wirtschaftlich und sozial vertretbar in Einklang zu bringen. Doch Vorschläge dafür seien von Hennemann regelmäßig übergangen oder förmlich konterkariert worden. Selbst bei eindeutigen Abstimmungsergebnissen mit 4:1 habe

Hennemann es geschafft, im Aufsichtsrat das Vorstandsvotum umzudrehen. Seinem sozialdemokratischen Mißtrauen gegenüber der CDU-Mehrheit im Vorstand der Bremer *Vulkan Verbund AG* versuchte er mit einer für den Vorsitzenden eines Weltkonzerns recht ungewöhnliche Methode entgegen zu wirken: Er verzichtete auf einen Schriftführer und protokollierte die Sitzungen selbst. Was er später dem Aufsichtsrat vortrug, stimmte zwar mit seinen handschriftlichen Vermerken überein, oft aber nicht mit den Erinnerungen seiner Kollegen im Vorstand.

Von Stebut hält Hennemann für krankhaft machtbesessen und jenseits aller ethischen und moralischen Integrität. Sein Ziel sei nicht die Diversifizierung des Unternehmens, sondern die gigantomanische Expansion gewesen. Hennemann habe gekauft, was auf dem Markt zu bekommen gewesen sei. Mit dem Erwerb von Unternehmen wie der Werkzeugmaschinenfabrik *Schieß* habe er sich derart hohe Lasten eingehandelt, daß relativ gesunde Firmen des *Vulkan* Verbundes wie in diesem Fall *Dörries Scharmann* an den Rand des Ruins gedrängt wurden und schließlich der gesamte *Vulkan*-Verbund zusammenbrach. Von Stebut hatte als einziger gegen den Kauf der Firma *Schieß* votiert, weil sich der Vorsitzende der Metallgesellschaft Schimmelbusch – inzwischen ebenfalls von der Staatsanwaltschaft verfolgt – geweigert habe, alle Karten auf den Tisch zu legen. Hennemann schlug dem Aufsichtsrat von Stebuts Entlassung vor. Mit Erfolg.

Andere ließen es erst gar nicht so weit kommen. Professor Manfred Timmermann verließ den *Vulkan* Verbund nach nur neun Monaten auf eigenen Wunsch. »Hiermit möchte ich Sie bitten, mich zum 31. Dezember 1993 aus meinem Dienstvertrag zu entlassen«, schrieb er am 25.

Oktober des Jahres an den Aufsichtsrat und begründete seinen Antrag mit der Sorge um die weitere Entwicklung des *Vulkan*. »Die Ertragslage ist für das operative Geschäft dieses Jahres und auch für 1994 besorgniserregend, die Liquiditätslage ist ebenfalls besonders kritisch ... Die Gefahr, liquide Mittel, die von der *Treuhand*-Anstalt als Investitions- und Betriebsbeihilfen für unsere Ost-Unternehmen zur Verfügung gestellt werden, zur Finanzierung der Verluste in den West-Unternehmen zu verwenden, ohne eine Sicherheit für die termingerechte Verfügbarkeit im Osten zu haben, kann leider nicht ausgeschlossen werden. Die Voraussetzungen für eine Realisierung einer entsprechenden Unternehmenspolitik sind zur Zeit nicht gegeben.«

Eine unmißverständliche Kritik am Vorstandsvorsitzenden. Auch Timmermann, inzwischen im Vorstand der Deutschen Bank, zeichnet das Bild eines machtbesessenen Egozentrikers, wenn er von Hennemann spricht. Doch schwingt bei seinen Vorbehalten immer auch etwas wie Faszination noch mit. Eine Stunde mit diesem Mann, eingeschlossen in einem Raum, so sagt er, und man verlasse ihn begeistert und stimme seinen Visionen uneingeschränkt zu.

Hennemann, der rhetorische Verführer? Der geniale Kopf mit unkonventionellen Ideen und einer überragenden Gabe zu Vortrag und emotionalen Vertrauenserwerb? Timmermann erinnert sich an die Verhandlungen über den Ankauf der *Schieß AG* mit dem damaligen Chef der *Metallgesellschaft,* Schimmelbusch. Innerhalb einer Stunde sei die Welt aufgeteilt gewesen; Hennemann habe die maritime beherrscht, Schimmelbusch die kontinentale. Darin, so Timmermann, liege vermutlich auch der Grund für

Hennemanns Einfluß auf Martin Bangemann und Helmut Kohl. Den direkten Zugang des einstigen Vorstandsvorsitzenden der *Vulkan AG* zum Kanzler hat Timmermann mehrfach erlebt. Hennemann brauchte nur zum Telefon zu greifen und des Kanzlers Sekretärin stellte durch. Kohl seinerseits meldete sich des öfteren in Bremen, um von Hennemann Rat einzuholen.

Noch engeren Draht unterhielt der Werftenboß zu seinen alten Freunden im Rathaus zu Bremen. Während andere zum Mittagessen gingen, verschwand Hennemann in dem wunderbaren Renaissancebau und machte Politik. Sein Netz war dicht geflochten, sein System an Beziehungen funktionierte perfekt. Wer sich auflehnte gegen ihn, war nach dem zweiten Mal entlassen, zumindest dem Aufsichtsrat zur Entlassung vorgeschlagen. Und der tat bis auf zählbare Ausnahmen das, was Hennemann empfahl.

Gemeinsam mit seinem Vorstandskollegen Karl Friedrich Triebold habe er, so Timmermann, eine Zeit lang darüber nachgedacht, Hennemann zu entmachten. Die Aufkäufe der Ostwerften jedoch habe sie derart mit Aufgaben zugedeckt, daß keine Zeit für einen Aufstand geblieben sei. Was entstand war ein unterschwelliger Machtkampf, an dessen Ende auch das Ende des *Vulkan* Verbundes stand. Kämpfen kann Friedrich Hennemann, als Kind einer Werftarbeiterfamilie hat er das gelernt. Fehlendes Selbstbewußtsein kaschiert er mit einer undurchschaubaren Mimik und einer kalten Überheblichkeit. Hennemann kennt sich selbst und versteht es in Schlüsselsituationen offenbar virtuos, auch seine Schwächen taktisch umzuwandeln, zugunsten eines starken und überzeugenden Erscheinungsbildes. »Visionen«, so pflegt er zu sagen, »sind nichts anderes als verwirklichbare Vorstellungen.« Tunlichst vermeidet er es heute, seine Gegner allzu kritisch anzugehen, gar anzuklagen. Im Gegenteil, als hätte er eine sozialistische Kaderschule besucht, schmeichelt er ihnen, würdigt er ihre Fähigkeiten. Sein Stellvertreter und vorstandsinterner Gegner Triebold? »Der Mann hat sein Lebenswerk vollendet, andere Topmanager könnten stolz sein, wenn sie das erreichen, was er geschafft hat. Allerdings bei der Bewältigung der Fusion war er einfach überfordert ...« Die Banken? »Die machen doch nur ihren Job, und den machen sie gut.« Schließlich sei es ihre Aufgabe, im Interesse der Aktionäre zu handeln ...

Hennemanns Bestreben, überall die Nummer eins zu sein, verschreckt mitunter selbst seine engste Umgebung und führt zu penetranten Wünschen. Wochenlang nervte er seine Mitarbeiter mit dem Verlangen nach einem Autokennzeichen von protokollarischem Rang. Als Chef der *Vulkan AG* sah er sich auf einer Stufe mit dem Bürgermeister der Stadt. Und so setzte er alle Hebel in Bewegung, nutze seine Kontakte ins Rathaus, bis er im Besitz des Nummernschilds HB-V 1 war.

Auch der Hauptgeschäftsführer des Verbandes der Schiffbauer in Deutschland, Dr. Heinz Ache, hat seine Erfahrungen mit Hennemanns übersteigertem Ehrgeiz gemacht. Der Chef des Werftenverbundes wollte auch Präsident des Werftenverbandes sein. Doch die Mitglieder schenkten ihm ihr Vertrauen nicht, was ihn maßlos kränkte. Aus ihrer Sicht fehlte einem wie ihm der Stallgeruch. Für die norddeutschen Werftenbosse blieb Hennemann der Apotheker. Doch, wie immer in solchen Fällen mußte er sich und der Welt beweisen, daß er auch anders konnte. Gemeinsam mit Martin Bangemann gründete er auf europäischer Ebene das *Maritime Forum* und verschaffte sich auf diesem Wege den nötigen Einfluß auch über die Grenzen Europas hinaus. Am Ende wurde er sogar Präsident des Weltverbandes der Schiffswerften. Da ließ es sich dann auf den deutschen Verband mit den aus seiner Sicht kleinkarierten Managern verzichten.

Auf dem gesellschaftlichen Parkett der Hansestadt befriedigte Hennemann seine Geltungssucht nötigenfalls selbst. Da ihm die Bremer Kaufleute bei den traditionellen Treffen wie der Eiswette, dem Tabakskollegium oder der Schaffermahlzeit, die Anerkennung verweigerten, die ihm seiner Ansicht nach gebührte, gründete Hennemann kurzerhand sein eigenes Forum, schuf die Institution der Columbus Runde, flog die großen der Welt nach Bremen ein, genauer gesagt: zu sich. Einer der ersten war – selbstredend – der EU-Kommissar Martin Bangemann. Ein Flugzeug mußte gechartert werden, um den Freund des Hauses standesgemäß einzufliegen. Die *Vulkan AG* kam für die Kosten auf. Doch beinahe wäre die erste Columbus Runde geplatzt, weil Bangemann sich weigerte, in einem City-Hopper mit nur einem Propeller zu steigen. Hennemann mußte einen Lear-Jet mieten und nach Brüssel schicken, Kosten: 70 000 Mark.

Seit Sommer 1996 steht Hennemann unter Haftbefehl, der gegen Zahlung einer Kaution von sechs Millionen Mark ausgesetzt worden ist. Drei Millionen hat er selbst übernommen, für die andere Hälfte der Kaution bürgt die ihm ansonsten so verhaßte *Deutsche Bank.* Eine Geste, die Hennemann seinem Bonner Anwalt aus der Kanzlei Redeker, Schön, Dahs und Sellner zu verdanken hat, der persönlich mit dem Direktor der *Deutschen Bank* Bonn befreundet ist.

Last but not least waren die Frauen wichtiger Bestandteil im strategischen Gefüge Friedrich Hennemanns. Und wenn das Munzinger Archiv ihn als treuen und treusorgenden Familienvater skizziert, so bedarf auch das einer Ergänzung und, zumindest im Hinblick auf einen aus dieser Zeit stammenden, außerehelichen Sohn, der Korrektur.

Hennemanns Amouren hatten meist auch einen höheren Zweck. Die Damen, die er nebenbei liebte, haben weil er sie liebte, nebenbei auch Karriere gemacht. Regine Meyer, zum Beispiel, war die Klassenlehrerin seines – ehelichen – Sohnes am Eliteinternat in Salem. Hennemann überzeugte sie davon, daß sie zu Höherem berufen sei. Nach einem Praktikum bei Martin Bangemann in Brüssel wurde sie Büroleiterin der Bremer *Vulkan Verbund AG*, ausgestattet mit Dienstwagen und einem stattlichen Gehalt. Während ihrer Zeit in Brüssel hatte sie kennengelernt, wen und was sie kennen mußte. Regelmäßig erstattete sie Bericht an ihren Mentor in Bremen – und, vice versa, vermittelte sie wichtige Informationen und Anweisungen von dort zur EU-Kommission. Aus der Lehrerin Regine Meyer war eine Einflußagentin geworden.

Als die im Bundeswirtschaftsministerium für den Schiffbau zuständige Ministerialdirektorin Melitta Büchner-Schöpf – eine ausgesprochene Gegnerin von Friedrich Hennemann – in Brüssel über die Privatisierung der Ostwerften verhandelte, war sie überrascht, mit welchen Argumenten die Kommission auftrat. Die hatte sie schon einmal in Bremen gehört. Ähnliches berichtet der einstige Pressesprecher des Bremer Senats Dr. Klaus Sondergeld. Für seinen Bürgermeister sollte er anläßlich einer marinepolitischen Veranstaltung eine Rede zum europäischen Schiffbau vorbereiten. Mit Papieren der Bremer *Vulkan Verbund AG* war er gut versorgt. Zusätzlich ließ er sich

Unterlagen aus Brüssel schicken. Doch die Texte kannte er schon. Da schien nur der Briefkopf ausgetauscht. Selbst Fotografien und Grafiken waren identisch mit den Papieren aus der Bremer *Vulkan AG*, Abteilung für Unternehmensplanung und Strategie. Dank seiner liebevollen Verbindung zur Europäischen Kommission war es Hennemann gelungen, seine maritimen und wirtschaftspolitischen Visionen in Brüssel so zu plazieren, daß sie gleichsam zum Allgemeingut der europäischen Industrielenker und Subventionäre geworden waren. Lobbyisten und Einflußagenten so zu plazieren, daß die Entscheidungen der Politiker ausfallen, wie die Manager der Konzerne es sich wünschen, ist, insbesondere im Umfeld der Rüstungsindustrie, zu denen der Schiffbau zählt, kein außergewöhnlicher Vorgang, sondern internationaler Brauch. Was die Herren und Damen unterscheidet ist ihr Erfolg. Der von Regine Meyer war in Zahlen meßbar; ein nicht unerheblicher Teil der Subventionen in Milliardenhöhe für die Bremer *Vulkan AG* dürfte ihrem kenntnisreichen und charmanten Einfluß zu verdanken sein. Außer von effektiven Lobbyisten und seinem eigenen Überzeugungstalent lebte der Manager Friedrich Hennemann stets auch von einer geschickt geführten PR. Auch hier verließ er sich auf sein Herz, bevorzugte mithin weibliches. Für sein eigenes und das Image der *Vulkan AG* hatte Hennemann eine Tochterfirma gegründet, die *Quadro Unternehmenskommunikation.* Als Leiterin bestellt er Astrid Wiener, die bald schon Konkurrentin von Regine Meyer in allen privaten und beruflichen Belangen sein wird. Am Ende wird sie ihrer Vorgängerin nicht nur den Platz an Hennemanns heimlicher Seite, sondern auch den Platz im Brüsseler Büro der *Vulkan AG* abnehmen – und die Mutter seines zweiten Sohnes sein, der den Vornamen seines Vaters trägt. Zugleich hielt sie eine fünfprozentige Beteiligung an der *Quadro Unternehmenskommunikation* – einer Firma, die in den Bilanzen einen Gewinn von plus minus null ausweist.

Mit Astrid Wiener verändert sich das Erscheinungsbild der *Vulkan AG*. Es wurde erkennbar bunter und globaler. Form und Gestaltung der Geschäftsberichte nahmen die Dimension eines Designkataloges an. Auf der ersten Seite, an Stelle der früher üblichen Tagesordnung der Hauptversammlung ein Vorwort von Friedrich Hennemann: Über die wachsende Bedeutung der Weltmeere für Nahrung, Rohstoff, Warenaustausch, industrielle Verarbeitung, Sicherheit, Klima, Freizeit sowie die Möglichkeiten der Meere als Expansionsraum der Menschheit schlechthin ... Auf der letzten Seite eine Karte, darauf 192 rote Punkte gesät – der *Vulkan-Verbund* weltweit.

Die roten Punkte mußte die Chefin der PR-Agentur natürlich in Augenschein nehmen. Hennemann ließ sie eigens nach Tokio einfliegen, wo er als Gast des damaligen Wirtschaftsministers Möllemann an deutsch-japanischen Wirtschaftsgesprächen teilnahm. Als er im Anschluß daran auf einen Rückflugplatz für Astrid Wiener in der Regierungsmaschine bestand, kam es zu Auseinandersetzungen mit der Flugbereitschaft, die erst der Herr Minister schlichten konnte. Astrid Wiener flog in der Regierungsmaschine nach Deutschland zurück. Es war nicht das einzige Mal, daß Hennemann betrieb, was er Kollegen im Vorstand immer wieder vorgeworfen hat: die Vermischung von Dienstlichem und Privatem. Und nicht selten brachte er Gastgeber dadurch in Verlegenheit.

Sich selbst hat Friedrich Hennemann vor einer breiten

Öffentlichkeit erst in Verlegenheit gebracht durch eine Tat, die unmittelbar in Zusammenhang mit Astrid Wiener und seiner Vaterschaft von »Friedrich II« steht. Im Beisein von Kriminalbeamten spülte er am 20. Juni 1996 einige Schnipsel Papier ins Klo. Das war der entscheidende Fehltritt des Mannes, der über Jahre hinweg mit Milliarden jonglierte, ohne bei *Treuhand* und Banken auf merkliche Skepsis zu stoßen. Eine Kurzschlußhandlung, die zur Verhaftung führt. Die versuchte Beweisvernichtung weckt bei den Ermittlern schlimmste Befürchtungen. Handelte es sich bei den Schnipseln womöglich um Dokumente für die im *Vulkan* versickerten Subventionen der *Treuhand*? Weit gefehlt.

Die Angst des Friedrich Hennemann bestand nicht darin, als Schurke im Outfit des Managers entlarvt zu werden. Das gehörte notfalls zum Geschäft. Was Hennemann vor allem fürchtete, war ein Einblick in die Welt seines Gefühls. – Solange die Fassade steht, läßt sich manches richten. Doch wenn die Fassade fällt, dann erkennt man die Geschichten.

Hennemann gab – und gibt – sich als bis zur Steifheit korrekten Hanseaten, ehrgeizig, kühl kalkulierend, nach außen ohne erkennbare Emotionen. Die Schnipsel im Klo ergaben – herausgefischt, getrocknet und zusammengesetzt – das Gegenbild. Hennemann hatte auf dem Papier die Erbschaftsanteile für das Kind festgeschrieben, das Astrid Wiener von ihm erwartete. Das Protokoll der Vernehmung, Aktenzeichen 830 JS 7161/96, vermerkt:

»Sie haben Gelegenheit, zu dem Tatvorwurf Flucht- und Verdunkelungsgefahr Stellung zu nehmen. Wollen Sie sich dazu äußern?

Antwort: Ich will heute Aussagen machen.« Der Staatsanwalt belehrt Hennemann über seine Rechte als Beschuldigter und hält ihm vor: »Wenn die Unterlagenvernichtung bezwecken sollte, der Putzfrau nicht die Einsicht darin zu ermöglichen, ist zu fragen, ob die Putzfrau denn Ihre persönlichen Unterlagen, die noch auf dem Tisch lagen, zu Gesicht bekommen darf? Handelte es sich vielleicht um eine Unterlage, die für sie in irgendeiner Weise peinlich war? Hatte diese Unterlage etwas mit einer Vaterschaftsanerkennung zu tun?

Antwort: Ich erinnere mich, daß es sich um einen Entwurf eines Testamentes oder einer Regelung handelte, um die mich Frau Wiener gebeten hat. Frau Wiener ist schwanger.«

Vermerk des Protokolls: »Herrn Hennemann wurden zwei Blatt Telekopien von den sichergestellten Zetteln vorgelegt. Die mir vorliegenden Papierabschnitte, die auf den beiden Blättern kopiert sind, betreffen diese Angelegenheit, wie ich sie erläutert habe. Ich möchte nochmals betonen, daß ich keine Beweismittel vernichten wollte und vernichtet habe.«

Hier stand Hennemann, der Mensch, den Hennemann, der Manager, verbergen will. Und die Staatsanwaltschaft muß das Private zum Corpus delicti erheben, um im Nebel des Dienstlichen etwas weiter zu kommen. So werden auch die persönlichen Tagebücher Friedrich Hennemanns als Beweismittel für das Verfahren um den Konkurs der Bremer *Vulkan AG* herangezogen. Allerdings erweisen sie sich eher als Mittel zur Entblätterung eines Biedermannes, der sich für einen allzu geschickten Brandstifter hielt. Die Einträge in Hennemanns Tagebücher bestehen aus Nummern, Zeiten, Ziffern, Anrufen, Gesprächsterminen, Millionenbeträgen. Dazwischen in filigraner Schrift Namen.

Hennemanns Tag folgt einem streng geregeltem Ablauf vom morgendlichen Toilettengang bis zur abendlichen Bettlektüre. Einen festen Platz hat die tägliche Meditation. Die erfolgversprechenden Stunden für geschäftliche Dinge liegen zwischen zehn und zwölf am Vormittag. Das Rezept für schlaflose Nächte: Fußmassage mit Sesam-Öl. Der Asket steht um 6 Uhr 30 auf. Zum Frühstück gibt es Apfelkompott, ersatzweise einen Apfel. – Abends gibt es eine Kartoffel. Hennemann ißt nur Speisen aus dem Reformhaus und das Brot grundsätzlich ohne Butter. 8 Uhr 25 Yoga. Wo es auf Dienstreisen geht, sind auch die Vorbereitungen akribisch im Tagebuch vermerkt: Rasierschaum, Nivea Duschgel und Handcreme, Turnhose, Bademütze, Kamera und Fernglas. Der Kleinbürger im großen Manager will auf Erinnerungen nicht verzichten. Hennemanns Schrift ist millimeterklein und oft von Karos umrahmt – im wahrsten Sinne des Wortes von kleinkarierter Hand gezeichnet.

Nach außen gibt er sich Mühe, mächtig zu erscheinen. Im Zweireiher zwischen seinen Kollegen des deutschen Topmanagements macht er eine gute Figur und fällt doch immer wieder aus dem Rahmen, wenn er auf Kanzlerreisen zur Kamera greift und wie ein Tourist auf Thailand-Trip die Treffen der Staatsmänner und Wirtschaftsbosse filmt, für die Seinen daheim. Weniger den familienbewußten Kanzler scheint das genervt zu haben, als vielmehr die Protokollbeamten, die sich nach Jahren noch an den Hobbyfilmer aus Bremen erinnern, den sie zum Beispiel im November 1993 während der Chinareise von Helmut Kohl mitzubetreuen hatten. Hennemann notiert sich in seinem Tagebuch:

»15. November 15 Uhr 15: Der Empfang mit militärischen Ehren fand innen (Große Halle des Volkes) statt, weil es draußen regnete.

19 Uhr Essen. Gastgeber am Tisch Zhens Hongye mit erstklassigen Beziehungen, 60 Jahre, dunkle Brille. 22 Uhr Diskussion i. d. Bar des alten Hotel Peking mit Blick vom Balkon auf die verbotene Stadt.«

Der Reisebericht setzt sich in diesem Stil über neun Tage fort, mehr mit touristischen Anmerkungen gefüttert als mit Wirtschaftsfakten, ging es doch bei diesem China-Besuch auch um die maritime Zukunft der *Vulkan AG*, die sich Millionen Aufträge aus dem Reich der Mitte erhoffte. »Großes Gespräch Li Peng/Kohl. Ergebnis sehr positiv. DM 7 Mrd. Neue Qualität. Unbehagliches Herumstehen.«

Angenehm aufgefallen ist dem reisenden Manager ein weibliches Geschöpf: Wu Yan Yan, »junge Chinesin, spricht gut deutsch«. Ihr Name taucht jeden Tag im Reisetagebuch des *Vulkan*-Chefs auf. Zwei Ausrufezeichen setzt er hinter den Namen Taiwan: »Wir liefern keine Waffen. Frankreich und USA ist deren Entscheidung. Schiffe mit Schomerus (Abteilungsleiter im Bundeswirtschaftsministerium) verhandeln und Rexrodt Dankesbrief schreiben.«

Unter dem 16. November dann »Wu-Yan-Yan-Frühlingsgedicht.

Wo ist der Timmermann Vorgang! (Der hatte in Bremen seinen Schreibtisch als Vorstandskollege wegen Unstimmigkeiten mit Hennemann geräumt.)

Mit Bus und Kanzler zum Flughafen. Postkarten geschrieben. Telefoniert.«

18. November: »Pünktlicher Abflug. Shanghai.«

19. November: »Koffer mußte schon um 7 Uhr abgegeben werden, bedeutete um 5 Uhr 30 aufstehen. (...) Bankett zu Ehren des Bundeskanzlers gegeben von Herrn Xie

Fei. (Einer der fünf Provinzsekretäre) Besichtigung U-Bahn, Bauernhof, VW.«

20. November: »Neuen Koffer gekauft, danach langes Gespräch mit Jens Odewald (*Treuhand*). Zugfahrt nach Hongkong. Gespräch mit Bundeskanzler. Vorschlag für Infrastruktur Konzept für China.«

Fragmentarische Eindrücke einer Reise, die aus Sicht des Kanzleramtes weniger dem Sightseeing dienen sollte, als der Kontaktaufnahme mit chinesischen Unternehmen. Telefonnummern immerhin hat Hennemann reichlich gesammelt, für Vertragsanbahnungen gibt es keine Hinweise. Am häufigsten ist auf den 22 Seiten »BK« vermerkt, was für »Bundeskanzler« steht und die persönliche Bedeutung dieser Reise im Sinne Hennemanns vielleicht am deutlichsten zeigt.

Die Chinareise fällt in eine Zeit, in der die Konstruktionen des *Vulkan*-Managements bereits bedrohlich ins Wanken geraten sind. In Bremen reicht Vorstandskollege Timmermann seinen Rücktritt ein, in Wismar leitet die Staatsanwaltschaft ein Ermittlungsverfahren gegen die Ostwerft ein. Friedrich Hennemann ist von all den Schwierigkeiten nichts anzumerken. Sie spielen erst einige Monate später in Bremen eine Rolle, auf einer geheimen Sitzung des Vorstandes. Hinter den Zeilen des biederen Tagebuches, archiviert in der Registratur der Staatsanwaltschaft, lebt ein Mann, den die Selbstgewißheit am Ende bis zu Briefentwürfen an den Kanzler treibt:

»Sehr geehrter Herr Bundeskanzler,

durch Kabale drohen Sie und ich um die Früchte eines Stücks gemeinsamer Arbeit gebracht zu werden. Sie haben zusammengerechnet mehrere ganze Tage investiert, indem Sie sich auf unseren gemeinsamen Reisen nach Fernost um Märkte und Aufträge bemüht haben, ich um meinen ganzen Arbeitseinsatz von zehn Jahren.

Da meine Tätigkeit gut bezahlt wurde, könnte ich zur Tagesordnung übergehen, wenn nicht – ja wenn nicht völlig unnötiger Weise 10 bis 20 000 Arbeitsplätze und mehrere 100 Millionen DM Investitionsmittel für Mecklenburg Vorpommern gleich mit aufs Spiel gesetzt würden.

Sehr geehrter Herr Bundeskanzler, ich erlaube mir Ihnen diese persönlichen Zeilen zu schreiben, weil ich höre, daß Sie persönlich mit der Angelegenheit Bremer *Vulkan* befaßt werden sollen. Vor diesem Hintergrund biete ich Ihnen an, jederzeit zur Verfügung zu stehen. Ich bin überzeugt, daß ich auch heute noch den Konzern Bremer *Vulkan* Verbund am besten kenne, seine Möglichkeiten Chancen und Risiken national wie international. Wie stets mit großer Hochachtung und freundlichen Grüßen.«

Das Journal des Friedrich Hennemann ist eine groteske Mischung aus Fakten und Fiktionen, Gedanken ans Geschäft und den eigenen Ruf, Stilübungen für die Liebe, Pläne für politische Manifeste und Vorstandsbeschlüsse.

Während der Konzernchef auf der China-Reise im November 1993 und selbst noch im Sommer 1994 der Öffentlichkeit eine gesunde, der Dividendenzahlung entgegenstrebende *Vulkan AG* vertritt, notiert er in seinem Tagebuch längst Differenziertes und Skeptisches:

»1. Wir haben ein dreiteiliges Unternehmenskonzept, von dem zwei Teile hinter uns liegen.

2. Die Übernahme des Controlling durch Herrn Schnüttgen hatte zwei wesentliche Veränderungen zur Folge.

a) Eine wesentliche Veränderung der Bilanzpolitik, die in 1993 entgegen aller Planung seiner Vorgänger zum absolut größten Verlust in der Geschichte des Unternehmens geführt hat. 1993 war ein anerkannt schwieriges Jahr, so daß wir uns hinsichtlich des Verlustes an sich nicht in schlechter Gesellschaft befinden. Das Problem ist die Plötzlichkeit der Veränderung, nachdem wir im August 1993 noch von einem zweistelligen positiven Ergebnis gesprochen hatten und das stückweise ans Licht kam.

b) Und das führt zu der zweiten grundlegenden Veränderung, die wir von der Arbeit von Herrn Schnüttgen erwarten, die Zuverlässigkeit der Zahlen. Herr Schnüttgen argumentiert, daß er auf die Zuverlässigkeit der Zuarbeit angewiesen ist. Wir müssen dies ändern. Wir müssen ein Rechnungswesen entwickeln, das die Zuverlässigkeit der Zahlen garantiert.

3. Die unmittelbare Auswirkung ist die Liquidität, obwohl wir mit einem Drittel der Bilanzsumme an Liquidität ausgestattet sind. Ein Argument ist dabei, wenn ihr so viel Liquidität habt, wozu braucht ihr dann neues Geld. Das wichtigere ist, daß der ungeplante überraschende Verlustausweis 1003 das Vertrauen in unser Konzept und unsere Fähigkeit, die Probleme zu lösen, nachhaltig erschüttert hat.

Die Liquiditätslage ist die aktuellste, und es gab dafür grundsätzlich drei Möglichkeiten. Die Hereinnahme neuer Fremd- oder die Aufnahme neuer Eigenmittel. Dies war unsere Planung bis Ende Mai. Die Realisierung dieser Planung begegnete wachsenden Schwierigkeiten.

4. Mit der Übernahme der Verantwortung durch den Kollegen Schneider hat dieser ein Konzept entwickelt, daß

die Liquiditätssicherung absehbar und ohne Aufnahme neuer Fremdmittel und ohne Inanspruchnahme des generierten Kapitals erlaubt. Die Realisierung des Konzeptes hätte gleichzeitig zur Folge, daß wir eine nachhaltige Steigerung unserer Ertragskraft realisieren könnten und damit sofort und ohne öffentliche Hanf in der Lage wären, uns auf die Nutzung unserer Chancen nach innen und auf unsere Kunden und Märkte nach außen zu konzentrieren. Angesichts dieser Perspektive haben wir alle uns vor vier Wochen darauf verständigt, dieses Konzept zu realisieren.

Inzwischen entstand der Eindruck, daß die Realisierung unmöglich sein würde, weil der Schiffbau die ihm vorgeschlagenen Maßnahmen nicht für realisierbar ansehe. Ich bin zu folgendem Ergebnis gekommen. Wir haben drei Möglichkeiten zu handeln:

1. Wir setzen das Finanzierungskonzept, so wie vor vier Wochen gewollt um.

2. Wir kehren zu dem alten Finanzierungskonzept – der Aufnahme neuer Mittel mit Hilfe Bremens zurück.

3. Wir teilen dem Aufsichtsrat mit, daß wir uns außer Stande sehen, die Probleme zu lösen und bieten unseren Rücktritt an.

Für mich persönlich sehe ich keine Veranlassung, die Alternative zwei ist mindestens derzeit nicht mehr gegeben. Wir hätten diese Alternative dem Aufsichtsrat sagen müssen. Wir haben im Gegenteil den Banken, insbesondere der federführenden *Commerzbank* gesagt, daß wir derzeit dieses Konzept nicht weiterverfolgen.«

In einem Brief an seinen Parteifreund Hans Koschnik bezeichnet Hennemann dessen Idee als genial, zwanzig Prozent der *Vulkan AG* zu veräußern und dafür die Stahlhütte von *Klöckner*, mindestens aber eine Beteiligung an ihr zu erwerben. In seinem Tagebuch findet sich der Entwurf des Schreibens. Darin heißt es:

»a) Ich befürchte jedoch, Dein Interessent kennt das Potential *Vulkan* zwar (sonst würde er nicht kaufen). Aber er anerkennt es nicht und zahlt deswegen nicht angemessen.

b) Er wird, um den *Vulkan* zu bekommen, zwar eine Beteiligung an der Hütte schenken, aber sich nicht aktiv um ihr Überleben kümmern.

c) Nach wenigen Jahren kann es deswegen passieren, daß Bremen weder die Hütte noch den *Vulkan* hat. (Oder meinst Du vielleicht, daß ein reiner Kapitalist derartige Anstrengungen wie wir zum Erhalt des Schiffbaus an der Weser oder in Bremerhaven unternimmt oder auch nur toleriert?)«

Das ist zu einer Zeit, als in Bremen das Wasser schon gleichsam die Docks überschwemmt und Friedrich Hennemann die Gefahr des drohenden Untergangs ganz offenbar erkennt. Doch selbst diese Situation bezieht der Sozialdemokrat in unfreiwillig zynischer Weise zuallererst auf sich selbst:

»Ich erlebe erstmals eine Krise dieser Dimension, beruflich wie privat, aber ich bin neugierig auf diese Erfahrungen. Der Kampf gegen Scheider, Schneider, Schnüttgen, Timmermann und Triebold hat Schweiß gekostet.

Nach dem Konzern verliere ich jetzt auch noch meine zweite Liebe. Doch ich will kämpfen. Denn es lohnt sich«, notiert er in sein Tagebuch.

Das ist der eine Hennemann; der andere ist der Beamte, der gelernt hat, auf Nummer Sicher zu gehen, wenn es um die eigene Zukunft geht. Fünfzehn Jahre Staatsdienst wirft auch ein plötzlich gut verdienender Manager nicht einfach über Bord. Daß dem Ex-Senatsdirektor Hennemann jedoch etwas gelungen ist, das es in Deutschland so noch nicht gegeben hat, erstaunte sogar die Fachwelt und den Beamtenbund: Die Arbeitszeit Hennemanns als *Vulkan*-Chef nämlich wurde vertraglich auf seine Pensionsansprüche angerechnet. Jedes Jahr auf dem Stuhl des Vorstandsvorsitzenden erhöhte Hennemanns Altersbezüge aus den Kassen der Hansestadt. Dafür hatte er einen Dienstvertrag mit der freien Hansestadt Bremen abgeschlossen, vertreten durch die Senatskommission für das Personalwesen. Zum Vertragszweck heißt es da im Paragraphen 1: »Herr Dr. Hennemann wird im Rahmen seiner Tätigkeit als Mitglied des Vorstandes der Bremer *Vulkan AG Schiffbau und Maschinenfabrik* auch bremische Belange wahrnehmen, soweit dies im Rahmen seiner Verpflichtungen nach Gesetz und Satzung gegenüber *Vulkan AG* möglich ist.«

Eine Vergütung wird Hennemann durch diesen Vertrag nicht gewährt. Aber unter Paragraphen drei, Absatz fünf, über »Gewährleistung von beamtenrechtlichen Versorgungsbezügen« heißt es: »Die ruhegehaltsfähige Dienstzeit erhöht sich um die Zeit der Tätigkeit aufgrund des Personalüberlassungsvertrags, für die Versorgungszuschläge geleistet worden sind. (...)

Die Freie Hansestadt Bremen stellt den in ihrem Diensten stehenden Herrn Dr. Friedrich Hennemann mit ihrer Zustimmung der Bremer *Vulkan AG* bis auf weiteres zur Verfügung. Für die Zeit der Beschäftigung aufgrund des Überlassungsvertrags wird der Freien Hansestadt Bremen ein Versorgungszuschlag in Höhe von 30% der jeweiligen ruhegehaltsfähigen Dienstbezüge der Besoldungsgruppe 7 der Bundesbesoldungsverordnung B zuzüglich der anteiligen jährlichen Sonderzuwendungen gewährt.«

Damit war dokumentiert: Claus Grobecker, damals Bremer Finanzsenator und Erfinder von Hennemann als *Vulkan*-Chef hat diesen nicht nur in den Vorstand geschickt, wie er zu sagen pflegte, er hat ihn auch in die Pflicht genommen, die Werftenpolitik nach der des Senates auszurichten. Das bedeutete nicht nur Arbeitsplatz- und Rentensicherung. Das bedeutete auch: Hennemann diente all die Jahre zwei Herren – hier der *Vulkan*, dort die Hansestadt Bremen.

Der Rebell, der keiner war – Martin Bangemann

»Ich mag ihn«, gesteht der Ehrengast der erlauchten Columbus-Runde im Bremer Rathaus. Dort, wo sonst die traditionelle Schaffermahlzeit stattfindet und das Tabakkolleg tagt, im mittelalterlichen Saal mit Fresken und Kassettendecke, hat Friedrich Hennemann zur Alternativveranstaltung geladen. Er freut sich über die warmen Worte des EU-Kommissars aus Brüssel. Martin Bangemann wiegt weit über 150 Kilo, aber wenn er so lobt, dann wirkt er wie ein Knuddelbär. Erröten freilich müßten beide angesichts des lateinischen Mottos über der Eingangstür. »NON CORRUMPERE« steht da. »J'aime la vie, je suis liberal«, so lautete der Slogan von Martin Bangemann im Europawahlkampf. Und weil er das Leben so liebt, liebt er auch die, die es ihm verschönen. Dazu zählt Friedrich Hennemann. Und so ist Bangemanns Dank an diesem Tag wenig mehr als die Antwort auf eine Lobeshymne auf ihn: Eine »Lichtgestalt«, so Hennemann, sei der EU-Kommissar für die maritime Industrie. Manus manum lavat. – Eine

Hand wäscht die andere. Der Industriekommissar läßt sich versorgen mit Hennemanns maritimen Visionen und bringt sie ein in die langfristige Planung der Europäischen Gemeinschaft. So fühlt sich Hennemann gleichsam als Vater der Subventionspolitik im europäischen Schiffbau. Tatsächlich wurde dank seines Zutuns und seiner Überzeugungsarbeit schon 1987 die sogenannte »sechste EU-Richtlinie« verabschiedet, mit der so lange 36% gesamtumsatzbezogene Subvention, gewährt werden sollten, bis die asiatische Konkurrenz ein entsprechendes Abkommen zur Einschränkung von Subventionen unterzeichnet hat. – Für Hennemann die Erfüllung eines industriepolitischen Traums. Geht es nach ihm, so ist der Schiffbau die Basis aller wirtschaftlichen und sozialen Zukunft in Europa und in der Welt. Realisieren wollte er diese Zukunft vor allem mit Hilfe der Marktchancen, die sich nach der politischen Wende für die *Vulkan AG* im Osten aufgetan hatten. Wobei sein Blick bis Kiew und St. Petersburg, seine Visionen bis zum Ausbau der russischen Fischfangflotte und einem gemeinsamen Aufbau der ukrainischen Tankerflotte reichten und auch den High-Tech-Bereich mit russischen Wissenschaftlern einschloß. Im Marine-Institut in Gorki saßen hochqualifizierte Ingenieure. Was fehlte waren zuverlässige Facharbeiter, die sich jeder russische Manager von einem Werftenverbund wie der *Vulkan AG* erhoffte. War es nicht so?

Die Verbindungen zwischen Bremen und Brüssel haben deutliche Auswirkungen auf ein gemeinsames Denken gehabt. Hennemanns Ideen von der Verwirklichung eines neuen »Mythos Meer« und die Zukunft der Ozeane finden sich noch heute in den industriepolitischen Entwürfen Martin Bangemanns: Meeresressourcen, Verkehrspolitik,

Energiereserven, selbst Hennemanns Visionen vom Meer als Lebensraum taucht in Vorträgen und Schriften des EU-Kommissars regelmäßig wieder auf. Kurzfristiges Denken wirft Bangemann jenen vor, die den Schiffbau als »Altindustrie« bezeichnen, wie sein Parteifreund Otto Graf Lambsdorff, der den Werften in Deutschland keine Überlebenschance mehr gibt. »Nein!«, ruft Bangemann, »Stillgelegte Kapazitäten bedeuten nicht nur den Verlust von Arbeitsplätzen, vor allem bedeuten sie die Aufgabe industrieller Kompetenz.« Das Argument deutscher Werftgegner, Schiffe könne man kaufen, wo die Preise am günstigsten sind, läßt der EU-Kommissar Bangemann nicht gelten. Erstens brauche die europäische Gemeinschaft eine zuverlässige und leistungsfähige Flotte, um nicht einseitig abhängig zu werden. Zweitens bildeten maritime Forschung, Werften, Zulieferer, Ausrüster und Reeder im Bereich des Schiffbaus ein eigenes und autonomes Beziehungsgeflecht. Ein Netz mithin, das keine Löcher vertrage und das durch die Schließung von Werften unwiederbringlich zerstört werde. Deshalb greift Bangemann 1992 einen Vorschlag seines Freundes Hennemann auf und setzt sich engagiert für die Schaffung eines Forums ein, in dem sich die wichtigen Entscheidungsträger treffen, um ihr Handeln besser aufeinander abzustimmen. Werften, Schiffausrüster, Hafenbehörden, Sicherheitsexperten, maritime Forschungsinstitute sowie die zuständigen Wirtschafts- und Sicherheitsbehörden aller Mitgliedsstaaten, sollen unter Leitung der EU-Kommission darin vertreten sein. Zwar gelingt es Bangemann nicht, ein solches Forum auf offizieller Ebene der EU zu etablieren. Mit Friedrich Hennemanns Unterstützung aber wird immerhin das bereits erwähnte *Maritime Industrie Forum* ins Leben gerufen. Auf Kosten der *Vulkan AG* tagen die Experten an reizvollen maritimen Plätzen, zuletzt 1997 in Göteborg – mit Friedrich Hennemann Seite an Seite mit seinen Freunden Lahmann und Bangemann.

Martin Bangemann wurde am 15. November 1934 als Sohn eines Schlossers in Wanzleben in Sachsen-Anhalt geboren. Aufgewachsen allerdings ist er in Emden, weshalb er sich nie als Anhaltiner gefühlt hat, sondern stolz darauf pocht, ein Ostfriese zu sein – wissend, daß er das Klischee dieses gerne verspotteten Menschenschlags mit Erfolg konterkariert. Einer wie Bangemann ist der Zeit nicht hinterher, sondern immer ein entscheidendes Schrittchen voraus. Sein Jurastudium absolvierte er in Tübingen und München, wo er 1963 über das rechtsphilosophische Thema »Bilder und Fiktionen in Recht und Rechtswissenschaften« promovierte. Gegner Bangemanns behaupten, dieser »sogenannte Liberale« habe keine Prinzipien. In der Tat geht sein Pragmatismus mitunter erstaunlich weit. Seinen Wandel vom eher linken auf den deutlich rechten Flügel innerhalb der FDP binnen weniger Jahre begründet er einmal mit dem Verweis auf ein legendär gewordenes Churchill Zitat: »Wer mit 18 kein Sozialist ist, hat kein Herz; wer es mit 40 immer noch ist, hat keinen Verstand.«

Im Alter von 36 Jahren verteidigt der Rechtsanwalt Bangemann in Baden-Württemberg noch Demonstranten der Außerparlamentarischen Opposition. Wenige Jahre später macht er sich stark für eine Verschärfung des Vermummungsverbotes und gibt mit verblüffender Offenheit zu, daß sein Engagement für Mitglieder der linken Szene nicht ganz frei von Gewissen »modischen« Attitüden gewesen sei. Diese modische Attitüde hat ihn Anfang der siebziger Jahre zum Mitverfasser der linksliberalen »Freiburger

Thesen« gemacht. Doch bereits 1976 forderte er die Abkehr der Liberalen von den Sozialdemokraten und statt dessen eine zukunftssichernde Koalition der FDP mit der CDU. Bangemann war seiner Zeit um sechs Jahre voraus. Anfang der achtziger Jahre forderte er, was erst 16 Jahre später selbstverständlich wurde: die Freigabe des Funktelefonnetzes an private Anbieter und damit einen Bruch des staatlichen Postmonopols. Ungewöhnlich auch seine Forderung nach einer staatlichen Grundrente, wie sie Jahrzehnte später von den Grünen gefordert werden wird, oder die provozierende Behauptung, der Kohleabbau in Deutschland könne so viel Subventionen erhalten wie er wolle, er werde nicht überleben. Als Wirtschaftsminister hatte Bangemann Vertretern der *Daimler Benz AG* ohne Einsicht in prüfungsfähige Unterlagen zu nehmen, eine Übernahme des Luft und Raumfahrtkonzern *MBB* zugesagt und damit einer Entscheidung des Bundeskartellamts vorausgegriffen und stellte dessen in diesem Fall eingeschränkte Macht bloß, wissend, daß er notfalls die Fusion auch über die Ausnahmeregelung genehmigen könnte. Bevor es jedoch zu einer Entscheidung kam, war Bangemann von Bonn nach Brüssel gewechselt; die Schwierigkeiten einer gesetzlichen Regelung des Zusammenschlusses überließ er seinem Nachfolger Helmut Haussmann. Martin Bangemann ist von jener Politikermentalität, die hochgesteckte Ziele allzuoft ohne seriöse Prüfung verfolgt. Merkt er, daß er – aus welchen Gründen auch immer – auf zu großen Widerstand stößt, steigt er aus und läßt fallen, was er mit großer Ambition und rhetorischem Aufwand begonnen hat, sucht sich neue Wege und karrieristische Möglichkeiten, tritt – scheinbar ohne zu zögern – als Verantwortlicher zurück und verzichtet auf weitere Amtszeiten, sei es als Generalsekretär seiner Partei, sei es als Wirtschaftsminister, sei es als Parteivorsitzender. Im Grunde ist Martin Bangemann die personifizierte Wandlungsfähigkeit seiner Partei. Der Fisch, der nicht zu fangen ist, auch wenn er wie auf den Plakaten zur Bundestagswahl 1998 hin und wieder – und meist aus wohlkalkulierten Gründen – gegen den Strom schwimmt. In Bonn hat Bangemann zu wenig Spuren hinterlassen, als daß er über den Tag seines Abtritts hinaus von Bedeutung gewesen wäre. Nicht einmal der Skandal um seine Yacht namens »Mephisto« schreckt die politische Öffentlichkeit hierzulande auf.

In Brüssel immerhin kann Martin Bangemann sich rühmen, der erste Politiker zu sein, nach dem eine EU-Vorschrift benannt ist: Die Lex Bangemann, ausgelöst durch seine »J'aime-la-vie-Eskapaden«, bei denen Privates und Dienstliches immer seltener auseinander zu halten waren. Seit Bangemann ist es den Kommissaren untersagt, sich für ihre Auftritte und Reden bezahlen zu lassen. Beunruhigt reagierte nicht nur der EU-Präsident Jacques Santer:

1995 befaßte sich der europäische Rechnungshof mit teuren Ausflügen des deutschen Liberalen. Konkreter Anlaß war eine Reise die der EU-Kommissar im November 1993 zum 1. Unternehmertag in Mecklenburg-Vorpommern geführt hatte. Bangemann hatte eine Rede zum Thema: »Die Europäische Gemeinschaft auf dem Weg in das Jahr 2000« gehalten. Die Veranstaltung der ostdeutschen Arbeitgeber war mit 100 000 Mark aus dem europäischen Regionalfonds und aus dem Landeshaushalt subventioniert worden. 40 000 Mark plus Mehrwertsteuer kassierte allein die Agentur Moritz Hunzinger AG – für die Vermittlung des Referenten Bangemann. Was der Redner selbst erhalten hatte – der im übrigen ein enger Freund des

Agenturinhabers ist – konnte weder der Landesrechnungshof von Mecklenburg-Vorpommern noch der europäische Rechnungshof feststellen. Das Büro Bangemann beteuert, der Chef habe keinen Pfennig Honorar genommen. »Das müssen wir so akzeptieren«, sagte der Präsident des Rechnungshofes Bernhard Friedmann. So blieb es bei einer Rüge, die Rechnungsprüfer monierten die Kosten für dieses Ergebnis als unverhältnismäßig angesichts des Resultats. Das ist erstaunlich milde, bedenkt man allein die stattliche Anzahl von Flugtickets, die aus Anlaß der Vorbereitung der Rede Bangemanns in Rechnung gestellt wurden. Dabei werden Reisekosten der Kommissare pauschal aus den Kassen der EU mit umgerechnet 15 000 Mark abgegolten ...

Die Lex Bangemann im übrigen wird an solchen Vorgängen wohl wenig ändern, handelt es sich dabei doch »nur« um einen Ehrenkodex und nicht um eine rechtlich bindende und einklagbare Regelung. Um die Ehre aber und das Ethos ist es, wie man leider immer öfter sieht, nicht mehr allzu gut bestellt.

Im Dickicht der Freundschaften – Karl Friedrich Triebold

Lahmann, Hennemann und Bangemann: drei deutsche Freunde, ein europäisches Triumvirat. Auf ihre Weise Erfolg versprechend, bis ein Vierter kommt und Feuer an die Lunte legt. Karl Friedrich Triebold hatte nicht nur einen guten Ruf, er trug auch gleichsam den Marschallstab im Tornister, als er im Dezember 1991 nach Bremen kam. Schriftlich hatte ihm der Aufsichtsratsvorsitzende der *Vul-*

kan AG und frühere *Krupp*-Chef Wilhelm Scheider die Nachfolge von Friedrich Hennemann zugesichert, sollte der, aus welchen Gründen auch immer, den Stuhl des Vorstandsvorsitzenden räumen. Hennemann wußte das, und er wußte zudem, daß der neue Mann im Vorstand der *Vulkan AG* ein weitaus höheres Salär von der *Krupp AG* mitgebracht hatte, als der *Vulkan* ihm selbst zu zahlen bereit gewesen war. Außerdem sitzt im Vorzimmer des neuen Vorstandskollegen, das seinem Büro über den Hof hinweg genau gegenüberliegt, eine Frau, die ihm – nicht ganz zu Unrecht, wie sich erweisen wird – schön und gefährlich zugleich erscheint. Doch der Reihe nach.

Karl Friedrich Triebold entspricht auf den ersten Blick in nichts dem klischeehaften Managertyp. Mag ihm die *Süddeutsche Zeitung* außergewöhnliche Leistungen als Stratege bescheinigen, in erster Linie ist er doch ein Wissenschaftler, freilich einer, der sich international einen Namen gemacht hat wobei sein Fachgebiet »Sensorik« zum Charakter paßt. Die Fassade des knorrigen Hünen mit dem Borstenhaar täuscht. Dahinter verbirgt sich ein äußerst sensibel agierender und reagierender Kerl. Kollegen und Freunde nennen ihn den »Bär«. Seine eigene Zuneigung indes galt lange Zeit – und gleichsam karrierebegründend – einem unvergleichbar kleinen aber mindestens so sensiblem Tier: der ägyptischen Stechmücke. Die Insekten vom Nil führten ihn zum Ziel seiner Doktorarbeit: den Grundlagen des »akustischen gradienten Peilverhaltens«. Mittels eines Kleinbasispeilers hatten Tübinger Wissenschaftler herausgefunden, daß die ägyptische Stechmücke ihren Partner in der Luft auf einer Wellenlänge von 300 Hertz aus einem Schwarm von 60 000 Artgenossen zweifelsfrei identifizieren und anfliegen kann. Diese Ergebnisse hat Triebold für die Unterwassertechnik nutzbar gemacht, indem er ein hochsensibles elektronisches Peilverfahren entwickelte, daß es ermöglicht, U-Boote zu orten, ohne als Sender des Signals selbst geortet zu werden. Ein Verfahren, das nicht nur im militärischen Bereich Anwendung findet. Auch das Rätsel der Aalwanderung aus den Flüssen in die Sargasso See konnte mit Hilfe von Triebolds Verfahren aufgedeckt werden.

Karl Friedrich Triebolds Karriere beginnt 1965 bei *Krupp*. Vom einfachen Elektrotechniker steigt er dort bis in den Vorstand auf und zählt zum engen Kreis um Berthold Beitz, den Generalbevollmächtigten von *Krupp*. Der schätzt ihn so sehr, daß er sich 1987 sogar mit Franz-Joseph Strauß anlegt, der Triebold zum Vorstand bei *MBB* machen möchte. Etwas voreilig hatte die *Süddeutsche Zeitung* zum Heiligen Abend des Jahres vermeintlich vollendete Tatsachen kommentiert: »Sein Weggang zu *MBB* ist für *Krupp* ein harter Schlag.« Indessen regelte ein Telefongespräch zwischen Beitz und dem bayerischen Ministerpräsidenten, der in dieser Angelegenheit als Aufsichtsratsvorsitzender von *MBB* agierte, die Personalie zugunsten des *Krupp* Konzerns. Triebold, das mußte schließlich auch Strauß einsehen, war nicht beliebig austauschbar. Sein Name stand für Elektronik von Welt und war seit Jahren aufs Engste mit der Krupp-Tochter *Atlas Elektronik (KAS)* verbunden. *KAS* war gleichsam die Schlüsselverbindung des Stahlkonzerns zur Spitzentechnologie. Ihre Prozeßdaten- und Fertigungsleitsysteme, Mehrprozessorenrechner und superschnellen Suprenum-Rechner verschafften Triebold den Eintritt in das US-Star-Wars-Programm *SDI*. Als sich Anfang der neunziger Jahre Friedrich Hennemann für *KAS* interessierte, bestand er darauf, das High-

Tech-Unternehmen nur zusammen mit seinem Chef, Karl Friedrich Triebold, zu übernehmen. Die anfängliche Freundschaft zu dem promovierten Ingenieur und Honorarprofessor der Technischen Hochschule Bremen sollte nicht lange währen, mochten die sachlichen Vorteile auch unverkennbar sein.

Mit Triebold hatte die *Vulkan AG* hervorragende Beziehungen zum Bonner Verteidigungsministerium eingekauft. Seit Jahren gehörte der Professor dem Arbeitskreis »Rüstung« an, war eng befreundet mit dem zuständigen Staatssekretär Schönbohm und einer der höchsten Geheimnisträger der Republik – einer jener auserwählten Wissenschaftler, die Einblicke erhielten in das bereits erwähnte, vom amerikanischen Präsidenten Ronald Reagan initiierte, internationale Verteidigungsprogramm *SDI* – im Volksmund »Krieg der Sterne« genannt. Das alles brachte, außer der Ehre und zahlreichen »interessanten« Forschungsaufgaben, auch einiges an Unbequemlichkeiten ein. Für Triebold galt höchste Sicherheitsstufe, Personenschutz rund um die Uhr und Panzerwagen. Für ihn eine Last, für einen wie Hennemann Statussymbol.

Zur Schlüsselfigur im Konflikt zwischen Triebold und Hennemann wird einmal mehr eine Frau: Triebolds Lebensgefährtin Jutta Simon – einer der attraktivsten Damen, mit denen sich das bundesdeutsche Management zu jener Zeit umgab. Jutta Simon war eine Selfmade-Frau, die von der Bikiniverkäuferin über den Laufsteg und einer Karriere als Foto-Model zur Management-Beraterin aufgestiegen war. Triebold sollte sie zum Verhängnis werden. Immer offener nutzten seine Gegner den umstrittenen Ruf seiner Weggefährtin um ihn zu treffen und, wie Hennemann in seinem Tagebuch vermerkte, »nicht mehr zu schonen«. »Ich habe ihn immer vor dieser Frau gewarnt. Doch wo die Liebe nun mal hinfällt ...«, sagt der frühere Staatssekretär und heutige Berliner Innensenator Jörg Schönbohm, der unbenommen dessen als Trauzeuge des Paares vor dem Standesbeamten in Wiesbaden stand. Inzwischen ist Jutta Simon des öfteren mit dem deutschen Außenminister Klaus Kinkel unterwegs und knüpft für deutsche Konzerne geschäftliche Beziehungen. Also kann es nicht so schlimm um die Vergangenheit der Dame bestellt gewesen sein. Kinkel, als einstiger Chef des BND, wird ja wohl wissen, mit wem er sich umgibt. Oder es ist nicht gänzlich aus der Luft gegriffen, was Karl Friedrich Triebolds und Jutta Simons Gegner kolportieren: Die Dame habe früher selbst aus Pullach ihr Gehalt bezogen. Klein ist die Welt, wo sie am größten erscheint. Heute hat das Paar seine Zelte in Monte Carlo aufgeschlagen und blickt aus einem 150-qm-Luxusappartement am Boulevard Belgique hinab auf den Hafen und den Grimaldi-Palast. Und wenn der Professor nicht am Pult im Bremer Hörsaal steht oder über den Dächern von Monte Carlo durchs Internet surft, um neueste Informationen über Sensorik und Börsenkurse zu angeln, dann segelt er entlang der Côte d'Azur an Nizza und Cannes vorbei und sucht in seinen Gedanken noch immer nach jenem anonymen Informanten, der 1994 bei den deutschen Sicherheitsbehörden behauptet hatte, Triebold und Jutta Simon würden Waffen in die Dritte Welt verschieben und gegen das Kriegswaffenkontrollgesetz verstoßen.

»Halb zogen die, halb sanken sie« – Frauen und der Tanz um den Vulkan

Schiffbau ist Männersache. Frauen dürfen die fertigen Werke taufen. Ein Akt von hohem repräsentativem Rang. Bei der *Vulkan AG* erschienen die Taufpatinnen deshalb überwiegend aus dem politischen Bonn. Friedrich Hennemann versteht sich auf das Handwerk der Public Relations.

Bereits kurz nach der Wiedervereinigung eröffnet Barbara Genscher den Bonner Frauenreigen auf den ostdeutschen Werften des *Vulkan* Verbundes und tauft das erste von zehn Containerschiffen aus einem Auftrag mit einem Gesamtvolumen von mehr als 1,2 Milliarden Mark. Eigentlich sollte das Schiff den Namen »Mir« – also »Frieden« – tragen. Dem russischen Schiffseigner aber schien das zu politisch. Er beschränkte sich auf den Namen des Heimathafens »Vladivostok«. Dann zertrümmerte Ministerin Merkel die Champagnerflasche am Rumpf des Containerschiffs für die russische Staatsreederei *Sovcomflot*, und die Gattin des Kanzleramtsministers Bohl sprach gute Wünsche beim Stapellauf des Carriers »Senator«. Als einige Jahre später die Gattin von Genschers Nachfolger Kinkel zur Schiffstaufe nach Bremen eingeladen wurde, kam es dort um ein Haar zum Eklat wegen Triebolds ehrgeiziger Lebensgefährtin. Wie üblich fand am Abend vor dem feierlichen Akt auf der Werft im Renaissancesaal des Bremer Rathauses ein Abendessen zu Ehren des Schiffseigners statt. Traditionsgemäß ist die Taufpatin dabei die einzige Frau am Tisch. Doch diesmal wollte Jutta Simon mit von der Partie sein. Nachdem sie über den Vorstand der *Vulkan AG* nichts erreichen konnte und auch die Gastgeber im Rathaus nicht mit dem Argument überzeugen konnte, sie sei eine gute Bekannte des Außenministers, wandte sie sich direkt an das Auswärtige Amt, das allerdings wenig Verständnis zeigte und sich umgehend bei den Verantwortlichen der *Vulkan AG* beklagte. Erst einem Assistenten Triebolds gelang es, Jutta Simon zu besänftigen. Wissend, wie abergläubisch die Esoterikerin war, machte der Mann ihr klar, mit welchem Fluch und Unheil das Schiff und seine Besatzung belastet würden, wenn eine zweite Frau beim Diner anwesend sei. Das protokollarische Problem war gelöst. Auch Friedrich Hennemann hatte nur scheinbar mehr Glück bei der Verbindung von Arbeit und Bett. Zwar verstand es Astrid Wiener meisterhaft, schlechte Nachrichten zu kaschieren und wenig Bedeutendes aufwendig zu verpacken. Die schönsten Videos ließ sie über Hennemanns gigantomanische Visionen produzieren. Der Kommentar des Bremer Bürgermeisters Henning Scherf indessen klingt nicht eben schmeichelhaft: Kassetten statt Konzepte habe ihm der Vorstand der *Vulkan AG* ins Rathaus geschickt. Da war Regine Meyer, die Vorgängerin von Astrid Wiener, nicht nur erfolgreicher, sondern am Ende auch konsequenter. In Brüssel hatte sie sich während ihres Praktikums bei Martin Bangemann so beliebt gemacht, daß der sie als Mitarbeiterin in der Kommission behalten wollte. Hin und her gerissen zwischen Bangemann und Hennemann, entschied sie sich für Brüssel, wo sie als »Botschafterin« der *Vulkan AG* blieb. So hatte sie Friedrich und Martin zugleich.

Lange allerdings blieb sie nicht. Als Tochter eines Theaterdirektors war ihr die Koproduktion zwischen Brüssel und Bremen zu schlecht, die Chargen zu provinziell. Da kehrte sie lieber ans wahre Theater zurück und arbeitet seitdem als Pressesprecherin am Bremer Stadttheater. Auf die Frage, welche Bühne sie vorziehe, die Helgen des *Vulkan* oder die Bretter des Bremer Goethe Theaters, antwortete sie spontan: »Die des Theaters, denn hier weiß ich, wer verkleidet ist.« – Vorhang auf zum nächsten Akt.

Die Werften und der Verbund

Mit Sturm ist da nichts einzunehmen
wir müssen uns zur List bequemen.

(Mephisto/Faust I)

Besprechung in Bonn

Für den 14. September 1993, 9 Uhr 30, haben sich im Bundeswirtschaftsministerium in Bonn zwei Herren aus Bremen angesagt. Seit Anfang des Jahres versucht sich Günther Rexrodt als Erbverwalter Erhardtscher Marktwirtschaft. Ein Mann ohne Erfahrung in Bonn, dafür mit um so mehr Erfahrung bei der *Treuhand* und auf diesem Wege zu einem Kenner, auch der ostdeutschen Werftensituation geworden. Die Besucher aus Bremen sind: Professor Karl Friedrich Triebold als Vertreter des Vorstandes der *Vulkan AG* und Dr. Heinz Ache, Geschäftsführer des *Verbandes für Schiffbau und Meerestechnik*, Lobbyist in maritimen Angelegenheiten also, und bis zur Schließung der *Weser AG* im Jahre 1982 Chefmanager dort selbst. Die Zukunft der Werften in Deutschland soll denn auch das Thema an diesem Morgen sein. Die Bremer Abgesandten überreichen dem Minister eine über hundert Seiten starke Studie: »Perspektiven der Wettbewerbsfähigkeit der deutschen Schiffbauindustrie.« Das Papier soll Rexrodt und die Bundesregierung auf Werftenkurs und die Bonner mit der Brüsseler Politik in Einklang bringen. Denn der deutsche Kommissar für Industrie bei der EU, Martin Bangemann, ist längst davon überzeugt, daß sich Schiffbau auch in Europa und damit in Deutschland lohnt. Schließlich hält er enge Kontakte zum Bremer *Vulkan* und dessen Chef Friedrich Hennemann. Und dessen Abgesandte Regine Meyer sitzt im Büro des Kommissars. In Bonn war der selbe Bangemann noch nicht so sehr von der maritimen Industrie begeistert. Bei Übernahme des Wirtschaftsministeriums 1988 schimpfte er auf seinen Vorgänger Lambsdorff, der ihm den ganzen maritimen Mist überlassen habe. Als solchen hatte auch der Graf die Werftenindustrie während seiner Amtszeit betrachtet. Das hatte die FDP im Bremer Wahlkampf mehr als die Hälfte ihrer Wählerstimmen gekostet. Der Graf trägt eine ordentliche Portion Mitschuld daran, daß Bangemanns Freund Lahmann und die Liberalen seit Herbst 1983 nicht mehr in der Bremer Bürgerschaft sitzen. Auch Bangemanns Nachfolger in Bonn, Jürgen Möllemann, hatte keine bessere Meinung über die maritime Industrie. 1992 verweigerte er den Bremer Werften entscheidende Subventionsbeihilfen. Das sollte sich mit dem neuen Minister endlich ändern. Deutschlands renommiertester Unternehmensberater Roland Berger hatte im Auftrag des Schiffbau Verbandes den internationalen Markt und die Chancen der deutschen Werften analysiert. Das Ergebnis war bemerkenswert: Der Preisunterschied zwischen Asien und Europa, so ein Ergebnis der Studie, sei bei weitem nicht so groß, wie in der öffentlichen Diskussion behauptet werde. Allenfalls zehn Prozent lägen am Ende zwischen den Kalkulationen japanischer und deutscher Betriebe – Grund sei der Faktor »Arbeitskosten«. Dabei seien die Löhne in Japan teilweise höher als in Deutschland und die tatsächlich geleisteten Arbeitsstunden je Mitarbeiter und Jahr überstiegen die der Deutschen erheblich. Ausgehend von einer Soll-Arbeitszeit von 1900 Stunden pro Jahr und Mitarbeiter erzielten die deutschen Kollegen etwa 1490 Stunden tatsächlich geleisteter Arbeitszeit, der Rest gehe für Urlaub, Krankheit und sonstige Fehltage drauf. Rentabler Schiffbau sei folglich in Deutschland nach wie vor möglich – eine Disziplinierung auf Seiten der Arbeiterschaft vorausgesetzt. Schiffbau in Deutschland sei im übrigen auch notwendig, aus nationalen wie aus europäischen Gründen: Als einer der wichtigsten Wirtschaftsräume der Welt sei Europa maßgeblich vom Seetransport und vom maritimen Umfeld abhängig. Weit über 90% aller wichtigen Rohstoffe, so die Studie, würden über den Seetransport eingeführt, mehr als 40% der bundesdeutschen Außenhandelsgüter mit dem Schiff transportiert. Doch versteht die Studie die den Begriff der »maritimen Industrie« nicht mehr nur im Sinne des Transportmittels Schiff, sondern denkt dabei an umfassende Logistiksysteme. Denn die Verlagerung von Verkehrsströmen von Land und Luft auf das Wasser werde von zunehmender Bedeutung sein. Woraus wiederum die Notwendigkeit zur Entwicklung einer Systemindustrie mit Schiffen als Technologieträger resultiere. Sätze, die aus der Feder von Friedrich Hennemann stammen könnten. Die dem Bundeswirtschaftsminister an diesem Septembervormittag 1993 vorgelegte Studie vergleicht die »maritime« Industrie mit dem Technologieträger Luft- und Raumfahrt. Wie dort gelte es, Komponenten aus so unterschiedlichen Bereichen wie Werkstofftechnik, Antrieb, Elektronik, Navigation und Informationstechnik in ein Gesamtsystem zu integrieren, wobei Deutschland sich bereits große Wettbewerbsvorteile im Bereich der Hochtechnologie geschaffen habe und einen international sehr hoch geachteten Ruf auch im Hinblick auf die Weltindustrie genieße. Die aggressive Exportpolitik der asiatischen und, mehr noch, der polnischen Werften allerdings hätten dafür gesorgt, daß viele deutsche Reeder ungeachtet dieser heimatlichen Wettbewerbsvorzüge in Niedriglohnländer auswichen. Hauptnutznießer hiervon sei Polen – bezogen auf das Jahr 1992 – das 46% der Auslandsbestellungen deutscher Reeder auf sich ziehen konnte. Insgesamt hatten die deutschen Werften 1992 zehn Milliarden Mark umgesetzt. Mit jährlich einer Million gewichteter Bruttoraumzahl (sogenannter »compensated gross tonnage« kurz: cgt) nahm Deutschland damit im Handelsschiffbau als größtes westliches Industrieland nach Japan (4,4 cgt) und Südkorea (1,7 cgt) den dritten Platz ein. Führend waren die Deutschen auch beim Bau von Containerschiffen. Im Bereich Forschung und Entwicklung allerdings wirkt sich das föderative System in Deutschland negativ auf Projekte aus. Während man in Japan im Jahre 1989 mit dem Forschungsvorhaben »Schnelle Fahrzeuge« begann und bereits drei Jahre später die ersten Prototypen erprobte, arbeitet man in Deutschland seit den dreißiger Jahren an dem Projekt. Der Bau eines Prototyps ist noch immer ungewiß. Als ein wichtiges Standbein für die deutsche Werftenindustrie nennt die Berger-Studie den Marineschiffbau. Bei konventionell angetriebenen Unterseebooten sowie größeren Überwasserfahrzeugen wie Fregatten und Korvetten, aber auch Schnellbooten und Minensuchern, stellten die deutschen Werften zwar Schiffe von Weltruf her, das Exportgeschäft jedoch sei stark von politischen Unsicherheiten erschüttert – die restriktive Genehmigungspolitik der Bundesregierung erschwere das Geschäft der maritimen Industrie erheblich.

Alles in allem aber sieht die Studie die Perspektiven für

die deutsche Schiffbauindustrie im Jahre 1993 positiv, ebenso die Marktaussichten für den weltweiten Schiffbau. Allein aufgrund der zunehmend veralternden Weltflotte sei ein erheblicher Bedarf an neuen Schiffen zu erwarten. In der Hochseeschiffahrt würden überdies verstärkt Technologien zur Überwachung und Planung der Routen eingesetzt, und mehr denn je werde das Schiff der Zukunft zur Entlastung der Landtransportsysteme eingesetzt werden. Dafür sei ein leistungsfähiges »short-sea«-Konzept nötig, das wiederum geeignete Hafeneinrichtungen erfordere und in ein Gesamtverkehrskonzept der europäischen Region eingebettet werden müsse ...

»Der deutsche Schiffbauverband glaubt, daß die Politik ihre Ziele nur dann sinnvoll verfolgen und diese international auch durchsetzen kann, wenn sie auf grundlegende Kompetenzen im eigenen Land verweisen und zurückgreifen kann. Eine eigene glaubhafte europäische maritime Industrie ist für den Verband Voraussetzung für die Verwirklichung übergeordneter Ziele wie in der Verkehrspolitik. Denn in diesem Bereich geht der Schiffbau über die nationalen Grenzen hinaus. Das erwartete Wachstum des europäischen Güterverkehrs wird eine starke Belastung der landseitigen Infrastruktur nach sich ziehen. Insbesondere für das Straßennetz zeichnet sich schon jetzt eine Überlastung durch Lkw ab, verbunden mit hohem Energieverbrauch und der entsprechenden Umweltbelastung.«

Minister Rexrodt bedankte sich für die wertvollen Hinweise und Unterlagen und beauftragte unmittelbar im Anschluß an das Gespräch die in seinem Haus für Industrie zuständige Ministerialdirektorin Melitta Büchner-Schöpf, sie möge sich künftig doch intensiver mit dem Problem der Werftenindustrie befassen. Pech für Friedrich Hennemann. Ausgerechnet diese Dame war von seinen Zukunftsvisionen wenig überzeugt, was sie ihm auf einer Japanreise unverblümt zu verstehen gegeben hatte. Für die deutschen Werften indes setzte sich die Ministerialdirektorin mit Verve und Kompetenz ein, ja kämpfte sogar für das – gegen ihre Auffassung – beschlossene *Vulkan*-Konzept, die Werften in Mecklenburg-Vorpommern mit EU-Geldern zu modernisieren.

Der Erfolg liegt auf dem Land – Die Meyer-Werft in Papenburg

Um eine leistungsfähige Werftenindustrie aufrecht zu erhalten, so die im September 1993 dem Bundeswirtschaftsminister vorgelegte Studie, müsse der Innovationsbereich und der Spezialschiffbau konsequent ausgebaut werden. Neben einer deutlichen Verbesserung der Effizienz und einem strikten Kostenabbau gelte es vor allem, die Fertigungstiefe zu verringern, Produktionen in Niedriglohnländer zu verlagern und übergreifende Kooperationen zu nutzen. Westlich von Bremen, an der Ems liegt eine Werft, deretwegen es die *Vulkan AG* schon einmal fast nicht mehr gegeben hätte: Die Bremer hatten Josef L. Meyer die Werft an der Weser zum Kauf angeboten. Doch der lehnte ab, aus persönlichen Gründen. Seine Frau war schwer erkrankt und er wollte Papenburg nicht verlassen. Das war 1893. Die *Meyer-Werft* stand kurz vor ihrem hundertjährigen Jubiläum. Inzwischen hat sie bereits das zweihundertste gefeiert, mit einer Rede des CDU-Kanzlers Kohl und viel SPD-Prominenz. Denn die Meyers haben nicht nur Kohl dank des Wahlkreises ihres Bundestagsabgeordneten und Kanzleramtsminister Rudolf Seiters hinter sich, sie haben auch Schröder, den niedersächsischen SPD-Vorsitzenden und Ministerpräsidenten, auf ihrer Seite – was böse Zungen der Konkurrenz mitunter auf die auffallend vielen und vielseitigen Quellen der Finanzhilfen verweisen läßt, die zur Verfügung stehen, wenn es darum geht, die Werft umzubauen, das Kanalbett auszubaggern oder eine Schleuse zu verbreitern. Für die PR-Abteilung der Werft haben solche Baumaßnahmen selbstverständlich vor allem etwas mit der Vorsorge gegen Flutkatastrophen zu tun. Im übrigen beteiligte sich die Familie Meyer, wie stets seit zweihundert Jahren, an den Kosten. In der Tat – die guten Beziehungen zur Politik können es allein nicht gewesen sein, die eine Werft fernab von Hafen, Großstadt und Industriegebiet zu einem der weltweit erfolgreichsten Unternehmen im Schiffbau gemacht hat. Während spätestens seit den neunziger Jahren dieses Jahrhunderts bei den deutschen Werften der Personalabbau zum alltäglichen Handwerk gehört, wirbt *Meyer Papenburg* mit dem Slogan »Berufe mit Zukunft« und stellt jährlich hundert Lehrlinge ein, vom Schweißtechniker über Holzmechaniker, Systemelektroniker bis zum Informatiker. Im Vorwort zu einer Firmenbroschüre kann sich Werften Chef Bernhard Meyer noch Mitte der 90er Jahre rühmen, seit 1975 kein Personal entlassen zu haben, im Gegenteil: »Wir sind die einzige Werft in Deutschland, die Personal aufgebaut hat. Denn in Papenburg ist Schiffbau Hochtechnologie.«

Papenburg ist das längste Straßendorf Europas. Flaches Land, so weit die Blicke reichen, mit sattgrünen Wiesen, schwarzweiße Kühe, dazwischen Windkraftanlagen, deren Flügel sich gemächlich drehen. Wie eine Fata Morgana wächst aus den Wiesen ein riesiger weißer Dampfer. Man wird ihn, wenn er fertig ist, kilometerweit flußabwärts schleppen, bis er angekommen ist, wo er eigentlich hingehört – am Meer. Gebaut aber wird er mitten auf dem Lande, in der mit 258 mal 39 Meter Grundfläche und 60 Metern Höhe größten überdachten Werfthalle der Welt. In diesem Dock sind alle Theorien und Forderungen der EU-Kommission verwirklicht. Doch der EU-Kommissar hat die modernste Werft der Welt noch nie besucht. Sie lebt auch ohne EU-Subventionen. Die Mehrzahl der Arbeitnehmer in Papenburg ist auf der Werft beschäftigt: 1950. Die Mehrzahl von ihnen seit mehr als fünfzehn Jahren. Und die Mehrzahl lebt in ihrem eigenen Haus, so Meyer stolz und inhaltlich durchaus korrekt, über seine Mitarbeiter, die im Durchschnitt nicht älter als 36 Jahre seien.

Die Empfangshalle des Unternehmens gleicht einem Schiffsmuseum. Erfolge drängen sich in Modellbaugröße. Die Kreuzfahrtschiffe »Century« und »Oriane« mit Pool-Landschaft und Hubschrauberdeck, Autofähren für die skandinavischen »Sillja-« und »Vicking-Lines«, »Al Shuwaikh«, der Welt größter Schaftransporter mit Platz für 125 000 Tiere ... Insgesamt wurden in Papenburg seit Gründung der Werft im Jahre 1795 mehr als 700 Schiffe, darunter 10 Luxusliner mit Längen bis zu 202 Meter, 30 Autofähren, 45 Gastanker und 25 Tiertransporter gebaut. Beim Bau von Spezial-Gastankern, die ihre Ladung sowohl gekühlt als auch unter Druck fahren können, gilt die Werft als eines der international führenden Unternehmen. Für Bernhard Meyer liegt die Zukunft seines Unternehmens im Bau von »high sophisticated vessels«, technisch besonders aufwendigen Schiffstypen. Dafür steht in Papenburg ein Baudock, das Schiffe und Werftenmitarbeiter vor

Wind und Wetter schützen. Da die zuarbeitenden Werkstätten in die Halle integriert sind, gibt es nur noch kurze Wege zwischen Magazinen, Bau- und Reparaturplätzen. Logistische Rationalisierung betrachtet Bernhard Meyer als einen wesentlichen Grund des Erfolgs. Der andere beruhe auf der traditionellen Struktur des Familienbetriebes. Hier, so Meyer, könnten Verhandlungen geführt, Entscheidungen getroffen, notfalls kurzfristige Zugeständnisse an Auftraggeber gemacht werden, ohne erst das Votum des Aufsichtsrates einzuholen. Überdies sei die Kontrolle der Finanzen äußerst streng – die *Meyer-Werft* in Papenburg, ein Beispiel für soliden Erfolg in der deutschen Schiffbauindustrie. Ein Beispiel, das im Bewußtsein halten sollte, wer den Untergang an anderen Orten nach wie vor für unausweichlich hält.

Aufschwünge und Krisen wie Ebbe und Flut. Zur Geschichte der Werften in Norddeutschland

Am 20. Januar 1995, anläßlich des 200jährigen Jubiläums der *Meyer-Werft* in Papenburg, hielt Bundeskanzler Helmut Kohl eine Rede, in der er die Unterstützung der deutschen Schiffbauindustrie durch Bund und Küstenländer vehement verteidigte. Allein in den vergangenen zehn Jahren seien Zuschüsse in Höhe von fünf Milliarden Mark gewährt worden, intensiv habe die Bundesregierung vor allem den Aufbau einer leistungsfähigen Werftenindustrie in Ostdeutschland gefördert: »Ich weiß, daß manche von Ihnen das mit gemischten Gefühlen sehen. Das kann ich sehr gut verstehen. Wir sollten aber auch sehen, daß die

Menschen in Ostdeutschland über vier Jahrzehnte von einem sozialistischen Staatsregime um ihre Zukunftschancen betrogen wurden.« An diesem Tag wußten weder er noch seine Zuhörer, daß auch im kapitalistischen System sich die Werftarbeiter im Osten betrogen fühlen mußten.

Denn erreicht haben die Hilfen, von denen der Kanzler sprach, ihr Ziel nur mit Verzögerung – und auf Umwegen über Bremen. Dort hatte sein Freund und *Vulkan*-Chef Friedrich Hennemann in einem Zeitraum von 14 Jahren versucht – und würde es bis zu seinem Abtritt im November 1995 weiter versuchen –, die europäische Werftenlandschaft mit Mitteln zu verändern, die er nicht *er*funden, eher schon *ge*funden hat in der langjährigen Geschichte des deutschen Schiffbaus, die sich in manchen Abschnitten wie eine Gebrauchsanweisung für Banker und clevere Privatanleger lesen läßt.

Eine Geschichte, geprägt von euphorischen Aufschwüngen und katastrophalen Krisen, die einander folgen wie die Gezeiten des Meeres. Bereits die *Lange Werft*, Vorgängerin der *Vulkan AG* zu Gründerzeiten, kannte die Mischfinanzierung aus staatlicher Beihilfe und Schiffsbeteiligungen. Und auch der *Vulkan* lebte zu Anfang des Jahrhunderts von kaiserlichen Subventionen. Da die staatlichen Gelder nicht für Werften bestimmt waren, sondern zum Aufbau einer Fischfang-Flotte, wurde eine solche als Tochterunternehmen der *Vulkan*-Werft gegründet. So kassierte man zweimal, außer der Beihilfe aus kaiserlichen Kassen auch noch den Auftrag für 16 Fischdampfer und Heringslogger. Ähnliche Geschäfte sollte die *Vulkan AG* Jahrzehnte später mit der konzerneigenen Senatorline und dem Ankauf von Container-Schiffen machen. Auch fünf- bis zehnprozentige Beteiligungen der Werften an bestellten Schiffen waren üblich, ein Buchhaltertrick, von dem auch Friedrich Hennemann Gebrauch machte, um dann die Beteiligungen in Zeiten knapper Kasse dem Bremer Senat zu vermachen. Schon vor Hennemanns Zeit als *Vulkan*-Chef besaß Bremen dreißig solcher Beteiligungen im Buchwert von 300 Millionen Mark, die allerdings nie am Markt hätten erzielt werden können.

Und noch eine vermeintliche Idee von Friedrich Hennemann findet sich in den Annalen der Vorkriegszeit wieder: der Werftenverbund. Schon 1913 hatte der Bremer *Vulkan* einen Zusammenschluß deutscher Werften vorgeschlagen, um eine gleichmäßigere Verteilung von Aufträgen und eine vernünftigere Auslastung zu erreichen. Das Vorhaben scheiterte an den anderen Werften. Der Grund war derselbe, wie achtzig Jahre später: Man fürchtete die Dominanz eines allzu mächtigen *Vulkan* an der Weser. Mitunter reagierte man in der Geschichte der Werften pfiffig auf Zeiten, in denen einem ein schärferer Wind entgegenschlug. So zu Beginn des 19. Jahrhunderts. Als die Werften unter dem englisch-französischen Seekrieg litten, vermieteten die Papenburger ihre neutrale Schiffsflagge für hohe Lizenzgebühren an fremde Reeder und glichen so ihren Einnahmeverlust aus dem stagnierenden Schiffbau aus. Und der Bremer *Vulkan* konstruierte schnelle Segler für die Franzosen, mit denen während der Kontinentalsperre 1806 die Schmuggler an der norddeutschen Küste gejagt werden konnten.

Überwiegend aber zeigte sich, daß das wahre Seefahrervolk auf den britischen Inseln lebt. Die Konstrukteure der englischen Werften waren ihren Kollegen auf dem Kontinent um Schiffslängen voraus. Das wurde 1848 besonders deutlich. Noch bevor das erste deutsche Parlament in der

Paulskirche dem vereinten deutschen Reich eine Verfassung gab, beschlossen die Abgeordneten die Gründung einer Kriegsmarine. Beauftragt mit dem Aufbau der Flotte wurde der Bremer Senator Arnold Duckwitz, der zugleich der erste Handelsminister der Zentralregierung war. Duckwitz' Forderung nach Dampfschiffen allerdings konnten die deutschen Werften nicht erfüllen. Sie bauten noch Holzschiffe und schienen nicht gemerkt zu haben, daß sich auf den Weltmeeren einiges geändert hatte. Der millionenschwere Auftrag ging nach England; die Werften in Norddeutschland mußten sich mit dem Bau von ein paar Kanonenschaluppen begnügen. Auch vom Goldrausch in Kalifornien und der damit verbundenen Auswanderungswelle profitierten die englischen Dampfschiffbauer, während die romantischen Deutschen noch unter Segeln die Ozeane überquerten und 1869 noch nicht einmal Nutzen aus der Eröffnung des Suez-Kanals ziehen konnten. Denn Segler durften die Wasserstraße nicht passieren. Noch 1870 fuhren 4320 Segelschiffe unter deutscher Flagge, aber nur 127 Dampfer. 1905 hatte sich das Verhältnis zwar nahezu umgekehrt, die verspätete Umstellung jedoch hatte ein Werftensterben von katastrophalem Ausmaß nicht mehr verhindern können. Zu allem hatte sich die englische Hüttenindustrie früher als die deutsche auf die Lieferung von Eisenblechen für den Schiffbau eingestellt, so daß man auch hier vorerst das Nachsehen hatte.

Dabei waren deutsche Ingenieure ihren englischen Kollegen in mancherlei Hinsicht überlegen. Sie waren es, die die ersten Dieselmotoren für Schiffe entwickelt und Anfang des Jahrhunderts das Schweißverfahren im Schiffbau erfunden hatten. Doch die Gewerkschaften bekämpften diese rationale Fertigung, weil sie den Verlust von Arbeitsplätzen fürchteten. Beispiele, die sich bis in unsere Tage fortsetzen lassen. Die womöglich folgenreichste Fehlentscheidung stammt aus den siebziger Jahren, der Zeit des Tanker-Booms, der aus dem Schiffbau in der Bundesrepublik erstmals in der Geschichte eine Wachstumsbranche machte – für kurze Zeit. Während in der deutschen Industrie in diesen Jahren 800 000 Arbeitsplätze verloren gingen, stieg die Beschäftigung im Schiffbau stetig. In Bremen arbeiteten 1975 mehr als 21 000 Menschen auf zehn Werften. Mit 8000 bzw. 6000 Mitarbeitern waren die *AG Weser* und die *Vulkan*-Werft die beiden größten Arbeitgeber in der Stadt. Doch die vermeintliche Hochkonjunktur war nur eine Scheinblüte. Der Bau von Großtankern und Massengutschiffen erreichte Mitte der siebziger Jahre einen Anteil von 50% der Gesamtaufträge deutscher Werften – deutlich zu viel, bedenkt man die Lebensdauer der fertiggestellten Objekte und das daraus resultierende Loch bei den Folgeaufträgen. Hinzu kam die Ölkrise – das Katastrophenszenario war komplett. Binnen weniger Jahre verlor jeder dritte Schiffbauer in Deutschland seinen Arbeitsplatz. Bis 1980 waren es so viele, wie bislang in Bremen beschäftigt waren: 21 000. Einvernehmlich bewerteten die Verantwortlichen der Werften und des Bremer Senats die Krise als ein lediglich konjunkturelles Problem, das »vorüber geht, denn alle wissen, daß ein Tankerboom wieder auf uns zu kommt.«

Noch im Oktober 1979 hatte der Ausschuß für Wirtschaftsforschung in Bremen, ein dem Wirtschaftssenator unmittelbar unterstelltes Forschungsinstitut, ein hoffnungsvolles Zukunftsbild parat: Der Tiefpunkt der Flaute werde voraussichtlich im Jahre 1981 liegen. Daran schließe sich eine deutlich expansive Entwicklung insbesondere im

Nichttanker-Bereich an. Aber auch im Tankerbereich komme es zu einem – wenn auch zeitlich verzögerten – Aufschwung.

Der Aufschwung kam nicht. Und die einzigen, die das zur rechten Zeit erkannt hatten, schienen die Investoren gewesen zu sein. Sie zogen sich rechtzeitig aus dem verlustbringenden Geschäft zurück.

Der Einfluß der Familie Thyssen auf den Vulkan

Fast siebzig Jahre lang hatte die Familie Thyssen entscheidenden Einfluß auf die Geschäfte der *Vulkan*-Werft genommen. Zeitweise saßen bis zu fünf Familienmitglieder im Aufsichtsrat und sorgten dafür, daß die Kooperation zwischen Stahlproduzenten und Schiffbauern profitabel verlief.

Seit Ende des ersten Weltkriegs war Thyssen Mehrheitsaktionär der *Vulkan AG*. Noch im Krisenjahr 1975 schaffte der letzte Großaktionär unter den Familienmitgliedern, Baron Hans Heinrich Thyssen Bornemisza, von den Vulkanesen spöttisch »Baron Heine« genannt, einen Dividendenrekord von 44%. Dann allerdings, acht Jahre später, als die Probleme unausweichlich wurden und erkennbar war, daß es im Schiffbau vorerst keine großen Gewinne mehr zu erwarten waren, zog der Baron sich zurück, verscherbelte die letzten Aktien aus seinem Besitz für eine Mark an den Bremer Senat – was ihm angesichts der Abschöpfungen aber nicht sehr schwer gefallen sein dürfte. Im Gegenzug stellte er, wenn auch dreizehn Jahre später, dem untergehenden *Vulkan* Rechnungen in Höhe von fünf Millionen

Mark für Beratung im Ostgeschäft und Leihgaben aus seiner reichhaltigen Gemäldesammlung aus.

Der Schiffbau an der Weser wurde vor allem durch Umstellungsschwierigkeiten in der Produktionstechnik stark in finanzielle Schwierigkeiten gebracht. Dennoch konnte sich der Werftenverbund zum größten Schiffbauunternehmen im norddeutschen Raum entwickeln. In einer Analyse von Wirtschaftsprüfern heißt es unter anderem: geschätzt werde nicht nur die Pünktlichkeit und Leistungsfähigkeit der Werft, sondern auch ihr überdurchschnittlich hoher Qualitätsstandard.

Der über viele Jahre anhaltende hohe Beschäftigungsstand – ein Indikator für positive Kapazitätsauslastung – drückt sich auch in der Dividendenausschüttung aus. Zweistellige Dividenden waren keine Seltenheit. Nur in den letzten Jahren wurden keine Gewinne an die Aktionäre ausgeschüttet. Die Liquidität des Unternehmens aber stand zu keiner Zeit in Frage. Dennoch begannen die Banker mit ihrer Marktbereinigung, an deren Ende die Liquidation der Werft stand. Alle Indizien, so heißt es in einem Untersuchungsbericht, wiesen darauf hin, daß die Schließung ein von langer Hand vorbereitetes Unternehmen gewesen sei. An anderer Stelle ist sogar von einer »Rücksichtslosigkeit des Bremer Schwerkapitals« die Rede. – Und wieder lohnt ein Blick in die Geschichte. Es war im Jahre 1926, als eine der wirtschaftlich gesündesten Werften an der Weser, das traditionsreiche Schiffbau-Unternehmen der Familie Tecklenborg, damals drittgrößte Werft in Norddeutschland, geschlossen und abgewrackt wurde. Der Gutachter Hermann Hildebrandt, Schiffbaudirektor und Lehrstuhlinhaber an der Technischen Hochschule Berlin stellte damals fest: »Und jetzt wird für die

Stillegung plädiert, zu einem Zeitpunkt, wo die Werft einen Gewinn von 2,3 Millionen Mark nachweist bei einem Aktienkapital von 6,2 Millionen. Ein solches Verfahren kann nicht mit Rationalisierung bezeichnet werden.« »Unrentabel«, so der Gutachter Hermann Hildebrandt im Jahre 1928, »seien die *Howaldtwerke* in Kiel, die *Neptun* Werft in Rostock und die *AG Weser*.« Als Marktbereiniger fungierte seinerzeit der Bremer Bankier Schröder, der gleichzeitig der schlecht ausgelasteten *AG Weser* als Aufsichtsrat vorsaß. Sein Ziel war es, durch eine erzwungene Fusion kostengünstig, wenn nicht gar kostenlos an wertvolle Patente und Aufträge der Familie Tecklenborg zu gelangen. Die Übernahme einer gesunden durch eine marode Werft ginge heute gewiß eleganter und nicht so plump vonstatten wie Ende der zwanziger Jahre. Zeitungsberichten aus jener Zeit zufolge, soll der besagte Bankier Schröder, gleichzeitig auch Aufsichtsratsvorsitzender so bedeutender Reedereien wie *Norddeutscher Lloyd* und *DDG Hanse*, Fritz Tecklenborg regelrecht »die Pistole auf die Brust gesetzt« und gedroht haben, er werde dafür sorgen, daß die Werft keine Aufträge mehr von Seiten der ihm zugänglichen Reedereien erhalte. Im Dezember 1926 wird die *Tecklenborg-Werft* gegen den Widerstand der Eigentümer abgeschlossen. Im September 1928 beginnen die Abwrackarbeiten, der Banker Schröder hatte das gesamte Neubaugeschäft auf die Werft der *AG Weser* abgezogen. Die *Tecklenborg-Werft* war nunmehr Legende.

22 000 Menschen hatten infolge der sogenannten »Tankerkrise« Mitte der siebziger Jahre ihren Arbeitsplatz auf deutschen Werften verloren. Das Großkapital zog sich aus dem Schiffbau zurück. Nach *Thyssen* folgte *Krupp*. Zum 31.

Dezember 1981 kündigte der Essener Konzern den Gewinn- und Verlust-Übernahmevertrag und dokumentierte damit ähnlich wie schon zuvor der private Kapitaleigner Baron Thyssen Bornemisza, daß man nicht bereit war, weitere Mittel in Modernisierung und Umstrukturierung der Werften zu stecken. Die Verantwortung für den Erhalt der Großwerften ging – nolens volens – an die öffentliche Hand, sprich auf den Bremer Senat. Dabei hatte sich die Regierung bereits seit 1980 bemüht, die beiden wichtigsten Unternehmen an der Weser zu einer Kooperation zu bewegen. »Wie lange will sich das kleinste Bundesland aus der Sicht des Steuerzahlers den Luxus zweier Großwerften leisten«, fragte damals der zuständige Wirtschaftssenator Karl Willms.

Dem Land lagen Gutachten renommierter Unternehmensberater vor, die eine Fusion von *Vulkan* und *AG Weser* vorschlugen. Eine der fünf größten Werften der Welt würde so entstehen, die Konkurrenzfähigkeit wäre außerordentlich günstig. Der Senat versüßte die Fusionsverhandlungen mit zweistelligen Millionen Zuschüssen für die *AG Weser* – vergeblich. Statt dessen entwickelte sich ein Konkurrenzkampf zwischen Management, Senat und Gewerkschaften, der am Ende alle an den Rand des Abgrunds brachte und so in einen Kampf ums Überleben mündete. Dessen Ausgang ist bekannt.

Weitere Gutachten wurden bestellt. Wirtschaftsprüfer empfahlen der *Vulkan AG*, die Personalkosten mindestens um 12% zu senken oder die Produktivität um 7% zu steigern; die *AG Weser* sollte ihre Personalkosten gar um 19% senken, die Produktivität um 14% steigern. Beobachter vermuteten damals, daß dies den Ausschlag gegeben habe für eine Schließung der zuletzt genannten *AG Weser*, die überdies zu sehr auf Tankerbau spezialisiert gewesen sei. Insider allerdings sehen das anders. Der Präsident des Schiffbauverbandes und frühere Chef der *AG Weser*, Dr. Heinz Ache, verweist darauf, daß man bereits Ende der siebziger Jahre fast ausschließlich hochkomplizierte Spezialschiffe gebaut habe und die Werft mit modernsten Docks und neuesten Kränen ausgestattet gewesen sei. Die Produktionsstätten der *AG Weser* hätten allen hochtechnologischen Anforderungen entsprochen. Und das seinerzeitige Mitglied im Vorstand der *Krupp AG*, Karl Friedrich Triebold, erinnert sich an eine Vorstandssitzung in Essen, in die ein völlig aufgelöster Vorstandsvorsitzender mit der Meldung gekommen sei, der Bremer Senat sei nicht mehr an der *AG Weser* interessiert, statt dessen wolle man nur die *Vulkan*-Werft weiterführen. Fest steht, daß die *AG Weser* die weitaus modernere der beiden Bremer Werften war und daß der vergleichsweise veraltete *Vulkan* als die »sozialistischere« von beiden, mithin als Augapfel der Gewerkschaften in Bremen galt. Die Betriebsräte und die IG Metall aber hatten die Fusionspläne schon immer abgelehnt. Für sie war die *AG Weser* ein von der Ruhr aus fremdbestimmtes Unternehmen. Außerdem befürchteten sie einen noch stärkeren Abbau von Arbeitsplätzen. Der kam unweigerlich. Denn niemand war bereit, die Mittel für die Forderungen der Gewerkschaft zu geben, statt einer Fusion der Werften auf dem Wege einer beschleunigten Modernisierung zu diversifizieren, das heißt aus dem unmittelbaren Konkurrenzbereich zu nehmen. Noch während der Fusionsverhandlungen im Juli 1983 forderte *Vulkan*-Chef Norbert Henke die Schließung der *AG Weser*. Seinem Aufsichtsratsvorsitzenden Friedrich Hennemann dürfte er damit aus dem Herzen gesprochen haben. Der

Bremer Senatsdirektor, als Stellvertreter des Wirtschaftssenators für den Schiffbau zuständig, mußte auf der Grundlage der vorliegenden Gutachten entscheiden, welche der beiden Werften geschlossen werden sollte. Für den späteren *Vulkan*-Vorstand Karl Friedrich Triebold hatte die letztlich gefällte Entscheidung alles andere als betriebswirtschaftliche Gründe. Sie sei, so Triebold, von ganz und gar schlichter emotionaler Art gewesen. Hennemann habe sich gleichsam für den »Familienbetrieb« entschieden. Aufgewachsen in Vegesack habe er es nicht übers Herz gebracht, die Werft dicht zu machen, auf der sein Vater Jahrzehnte lang das Geld für die sechsköpfige Familie angeschafft hatte. Der Sohn indessen hatte durchaus auch in den Gutachten Gründe für eine Schließung der Konkurrenz Werft *AG Weser* gefunden. Böse Zungen behaupten, dort wo die Argumente fehlten oder nicht überzeugten, habe er entsprechend nachgebessert. Wie auch immer – unbestritten ist, daß Friedrich Hennemann mit seiner Entscheidung einen lukrativen Grundstein für seine eigene Zukunft schuf. Wenig später schon sollte er seinen Schreibtisch im Rathaus mit einem in den obersten Etagen des deutschen Managements tauschen. Schon 1982 waren in der Bremer Bürgerschaft Gerüchte aufgetaucht, denen zufolge Hennemann in den *Vulkan*-Vorstand einziehen solle, gleichsam als verlängerter Arm der Landesregierung. Der damalige CDU-Abgeordnete und spätere Staatssekretär der Bundesregierung Bernd Neumann warnte im Rahmen einer Bürgerschaftsdebatte vor einer solchen »*Vulkan*-Connection«. Man könne in einer Zeit, in der 500 Werftmitarbeiter auf die Straße gesetzt würden, keinen Beamten der Stadt mit einem derart hoch dotierten Posten versorgen.

Die Entscheidung, die *AG Weser* zu schließen, kostete mehr als 2000 Menschen den Arbeitsplatz. Eine Woche nach Bekanntgabe des Beschlusses war in Bremen Wahl, die FDP-Fraktion flog aus der Bürgerschaft. Nicht etwa wegen der sozialdemokratischen Werftpolitik, eher schon weil der seinerzeitige Bundeswirtschaftsminister Otto Graf Lambsdorff den Werftmitarbeitern während des Wahlkampfes ins Gesicht gesagt hatte: »Wer keine Schiffe verkaufen kann, der soll auch keine mehr bauen!«

In derselben Halle der *AG Weser* verkündete wenig später Bürgermeister Hans Koschnik die Schließung, eine Aufgabe, die eigentlich den Eigentümern oblegen hätte. Der kleine Unterschied zum Auftritt des Grafen: Koschnik weinte und die Kameras waren dabei. Am Abend teilten Hunderttausende vor den Bildschirmen die Gefühle ihres Bürgermeisters. Am Wahlsonntag erhielt er so viele Stimmen wie noch nie. Die Liberalen dagegen verloren 6% und schafften den Wiedereinzug ins Rathaus nicht. Gewiß nicht freiwillig und gewiß nicht mit Freude war der Bremer Senat in dem doppelten Wahljahr 1983 (März Bundestag, September Bürgerschaft) in die Unternehmerrolle geschlüpft. Es war die Furcht vor weiterem Arbeitsplatzverlust, der Koschnik und seine Genossen in die neue Verantwortung getrieben hatte. Das Vertrauen ins Kapital der freien Marktwirtschaft war weg, die Genossen fielen zurück in den alten Staatskapitalismus mit all seinen Schwächen und Verlockungen. Weniger betriebswirtschaftliche Grundsätze boten den Rahmen für die ab sofort betriebene Werftenpolitik, als vielmehr eine abenteuerliche Mischung fragwürdiger Finanzierungsmethoden. Bürgermeister Hans Koschnik war sich der Gefahren offensichtlich bewußt. In seinen Reden vor der Bremer Bürgerschaft waren seine Vorbehalte und seine Skepsis deutlich heraus zu hören: »Der Senat hat wiederholt versucht, die Eigentümer der Werften die Großschiffbau betreiben, an einen Tisch zu bringen, um mit ihnen über die Perspektiven der Schiffbauindustrie zu sprechen. Wir haben erleben müssen, daß es nie zu einem konstruktiven Vorschlag gekommen ist, weil einmal die eine Werft und einmal die andere Werft ihren Reibach, machen wollte. Die privaten Eigentümer entziehen sich der Verantwortung, die am Finanzgeschäft Beteiligten wollen nichts leisten, und am Ende sollen die Steuerzahler – vertreten durch die Bundestagsabgeordneten und die Abgeordneten der Bremer Bürgerschaft – voll eintreten für alle Risiken, die aus normalen Unternehmenskonzeptionen entstanden sind. Daß wir beim *Vulkan* eingestiegen sind, war nicht der Wunsch Bremens, Eigentümer der Werft, beziehungsweise Miteigentümer oder Aktienbesitzer zu werden, sondern es war die einzige Chance, im Jahr 1981 den Zusammenbruch der *Vulkan*-Werft zu verhindern.«

Das sozialdemokratische Urgestein Claus Grobecker, engster Kumpan von Friedrich Hennemann und seinerzeit Finanzsenator in Bremen, malte die Situation in noch plakativeren Farben. »Abgeknipst« hätten die Kapitalisten die Werften, »nachdem sie jahrzehntelang den Reibach und sich schließlich vom Acker gemacht hatten«.

Der Bremer Werftenverbund

Mit einer Bürgschaft in Höhe von annähernd einer Milliarde Mark hatte sich die Bremer Landesregierung eine beinahe zwangsläufig erdrückende Bürde auferlegt. Das Konzept eines Bremer Werftenverbundes sollte helfen, die Risiken in Grenzen zu halten. Indessen beurteilten Experten das Konzept fast von Anfang an als hochgradig gefährdet, zum einen aufgrund des internationalen Protektionismus, zum anderen aufgrund der hohen Finanzierungsrisiken. Der Grundstein für einen Werftenverbund wurde bereits 1979 mit dem Kauf der *Neuen Jade Werft* in Wilhelmshafen gelegt, eine Kooperation, die für die Vulkanesen schon wegen der Nähe zur Bundesmarine von größtem Interesse, aber auch als Reparaturwerft von einiger Bedeutung war. Hinzu kamen in den darauffolgenden Jahren die *Lloyd-Werft*, die *Schichau Unterweser AG* und die *Seebeckwerft*, die bis 1987 zum *Krupp* Konzern gehörte. Insgesamt waren auf den noch verbliebenen Werften des Landes Bremen – mit Ausnahme der *Lürssen Werft* – 6500 Menschen beschäftigt, mehr als ein Fünftel dieser Zeit in Deutschland tätigen Werftarbeiter, deren Anzahl in den vergangenen drei Jahrzehnten drastisch von 113 000 im Jahr 1957 auf 30 000 im Jahr 1987 gesunken war. Ein Kapazitäten- und Beschäftigungsabbau, der andererseits zu einer Konzentration geführt hatte, wie es sie sonst nicht gab in Europa – auch nicht in anderen Bereichen der Industrie. Eine Gesundschrumpfung die allein der bundesrepublikanischen Schiffbauindustrie den dritten Platz im weltweiten Vergleich sichern half. 1987, dem Jahr in dem Friedrich Hennemann in die *Vulkan AG* eintrat standen sich drei Hauptgruppierungen deutscher Werften gegenüber: neben dem Bremer Werftenverbund *Vulkan*, die *Howaldtswerke Deutsche Werft* (HDW) in Kiel und *Blohm und Voss* mit den *Thyssen Nordseewerken* in Hamburg und Emden. Daneben existierten 30 weitere Großschiff-Werften, von denen die *Meyer Werft* in Papenburg die bedeutendste war und heute noch ist. Im Vordergrund des Konzeptes für den Bremer Werftenverbund stand eine Diversifikation des Unternehmens. Allein dafür wurden 30% der Fördergelder investiert. Der eigentliche Schiffbau sollte auf 51% der Gesamtkapazität heruntergefahren werden. Strategisches Ziel war es, durch die Verbreiterung der Produktionspalette das Gesamtrisiko zu vermindern. So wollte man sich unter anderem stärker im Bereich Umwelt engagieren, Anlagen für Müllverbrennung, Wasseraufbereitung und Energierückgewinnung bauen. Daneben sollte die Fertigung von Dieselmotoren, Erdgaskompressoren, Hafenkränen und Containerbrücken ausgebaut werden. Zur Förderung der Meerestechnik war ein maritimes Entwicklungszentrum vorgesehen. So war, noch vor dem Eintritt Friedrich Hennemanns, die Grundlage für ein Technologiezentrum Nord geschaffen, das alle nur denkbaren »Synergie-Effekte« positiv ausnutzen wollte.

Vorbild war Deutschlands Vorzeigekonzern *Daimler Benz* mit Edzard Reuter an der Spitze. Allerdings sollte man sich auch im Norden später wieder so schnell auf die Kerngeschäfte besinnen, wie im Ländle nach dem Abgang Reuters und der Übernahme des ins Schlingern geratenen Konzerns durch Jürgen Schrempp. Mit dem Unterschied, daß beim *Vulkan* kein neuer Manager sondern der Konkursverwalter diese Aufgabe übernahm. Bekannt war die Bürde, die sich das Land Bremen als Aktionär mit seinen riskanten Transaktionen auferlegt hatte, durchaus. Der Senat war im Verlauf der achtziger Jahre zum größten Reeder Bremens geworden: Die landeseigene Kreditanstalt *HIBEG* hatte auf dem Markt unverkäufliche Schiffe im Wert von 290 Millionen Mark abgenommen, die Stadt Bremen besaß Schiffsbeteiligungen im Buchwert von 300

Millionen Mark. Solche Beteiligungen sind für gewöhnlich verdeckte Rabatte, die die Werften den Auftraggebern gewähren.

Selten waren die hansischen Kaufleute verlegen, wenn es galt, neue Finanzquellen zu erschließen, um die Schiffe ihrer Werften besser zu vermarkten. Die simpelste Methode war, nicht kostendeckende Aufträge anzunehmen, zum Beispiel den Bau von sechs Fregatten für die Bundesmarine vom Typ 122. Als im September 1979 bei der Ablieferung des ersten Kriegsschiffes 200 Millionen Mark in der Kasse der *Vulkan*-Werft fehlten, mußte das Verteidigungsministerium den Betrag nachschießen. Wer sich am Ende verrechnet hatte, Bonn oder Bremen, wurde nie geklärt. Finanzsenator Grobecker, damals noch Bundestagsabgeordneter, wurde vom SPD-Fraktionsvorsitzenden Hans-Jochen Vogel angesichts der ergatterten Schiffbau-Beihilfen als Bonns teuerster Parlamentarier gewürdigt. In der Tat hätten die Werften an der Küste allein während der siebziger Jahre mehr als 1,8 Milliarden Mark an Subventionen kassiert. Genial mutet das Ergattern solcher Beihilfen aus dem Topf des Verteidigungsministers an, um für die amerikanische Reederei *American President Line* (APL) Containerschiffe kostengünstig bauen zu können. Allein 25 Millionen Mark pro Schiff gab Bonn als Beihilfe für den Bau von fünf Containerschiffen im Auftrag der *American President Line*. Begründung: die Container der *APL* würden schließlich US-Truppen und ihr militärisches Gerät zu ihren weltweiten Einsatzorten transportieren. Die Schiffe wurden kurzerhand als »strategische Einsatzreserve der NATO in Spannungszeiten« eingruppiert.

Zum Erstaunen der Mitglieder der Bundestagsausschüsse indes konnten die Schiffe mit einer Breite von nahezu 40

Meter nicht einmal den Panamakanal passieren. Das aber mußten sie auch nicht – die *APL* setzt die Container ausschließlich zwischen der amerikanischen Westküste und Japan ein. Der amerikanische Bündnispartner sparte auf Kosten des deutschen Steuerzahlers 100 Millionen Mark. Hauptsache, die Bremer Werft hatte Arbeit. Nicht einmal vor einem taktischen Eingriff auf die Börsenkurse machte die Bremer Pfiffigkeit Halt, als es um die Beschaffung der 460 Millionen Mark ging, die zur Finanzierung des »Strukturkonzeptes Bremer Werftenbund« benötigt wurden. Mit lautstark hinter vorgehaltener Hand gesteuerten Vertraulichkeiten aus gut informierten Schiffbaukreisen gelang es den Kurs der *Vulkan*-Aktien – teilweise zum Nulltarif vom Baron Thyssen erworben – bis auf Rekordhöhen von 160 Mark zu treiben. Grundlage der politisch gesteuerten Spekulationen war eine Sacheinlage des Bremer Senats von 74,9 Millionen Mark an die *Vereinigten Flugzeugwerke Verwaltungsgesellschaft (VFW)*. Weniger die wirtschaftliche Entwicklung der *Vulkan*-Werft als viel mehr die taktisch ausgelöste Hoffnung auf einen Großaktionär ließ Spekulanten nach dem *Vulkan*-Papier greifen – das Land schöpfte kurzfristige Gewinne ab, mit denen sich Kapitalerhöhungen finanzieren ließen.

Wirtschaftssenator Werner Lenz schwärmte später, man habe die Aktien »wunderbar am Markt plaziert«. Ein dikkes Paket ging an den Schweizer Bankverein, der die Aktien einem italienischen Reeder weiterreichte. Ähnliche Spekulationsakrobatik gelang den Bremern sogar noch zu einer Zeit, als die *Vulkan AG* längst pleite war. Im Frühjahr 1997 sickerten aus dem Finanzsenat vertrauliche Informationen an die Öffentlichkeit, denen zufolge ein Käufer für die Konkursmasse vor den Werfttoren stehe. Laut

Finanzsenator Hans-Jürgen Nölle wollte der Interessent vor allem von den Verlustzuweisungen in Milliardenhöhe profitieren. Der Wert des *Vulkan*-Papiers verdoppelte sich für wenige Tage, schnellte für kurze Zeit auf zwölf Mark empor.

Die Fäden für derlei ausgebuffte Geschäfte liefen schon seit den frühen achtziger Jahren im Bremer Hintergrund bei einem zusammen, der ein geradezu goldenes Händchen dafür bewies: Friedrich Hennemann. Seine großen Stunden jedoch standen ihm erst noch bevor. Am 1. März 1987 übernahm er das Finanzressort im Vorstand der *Vulkan Verbund AG*. Clever, wie er war, hat er auf einer vertraglichen Verknüpfung zwischen seinem alten und seinem neuen Job bestanden. Und bekam so gleich zwei Verträge, einen für die Personalüberlassung und einen zweiten für die Regelung seiner Altersvorsorge.

Daß der wenig später zum Vorstandsvorsitzenden Avancierende zwei Herren gleichzeitig diente, erfuhr die erstaunte Öffentlichkeit erst nach dem Konkurs der *Vulkan AG* aus dem Untersuchungsausschuß. Bis dahin hatten ihn die meisten für einen bescheidenen Workaholic gehalten und nicht für einen Zocker, der kurz vor dem von ihm mit zu verantwortenden Untergang des Unternehmens auch noch zwei Millionen Mark Abfindung kassierte. Ein Geheimnis allerdings war die enge Verzahnung von *Vulkan AG* und Bremer Senat beileibe nicht. Spätestens eine Rede Claus Grobeckers am 25. August 1988 vor den Abgeordneten der Bremer Bürgerschaft machte die Zusammenhänge klar. In beinahe Wehnerscher Diktion peitschte er seine Sätze ins Forum: »Wir haben uns Arbeit gekauft, wir haben den Schiffneubau reduziert, wir haben die kruppschen Fesseln aus Essen abgeworfen und können nun wirklich auch an die Sache herangehen, und zwar mit einer völlig anderen Methode, als wir es geglaubt haben, daß es sein müßte. Wir fangen nicht an, ein neues Produkt zu erfinden, sondern wir versuchen, Firmen hereinzubekommen, die schon ein Produkt haben, möglicherweise auch einen Markt haben, um auf diese Weise die Palette zu verbreitern.«

Der Finanzsenator spricht von den Diversifikationsabsichten des *Vulkan* – und merkt etwas spät, daß nicht er, der Senator, dort agiert, sondern, »Entschuldigung, der Schiffbauverbund, und da wir den Neubau schon reduziert haben, nicht wir, der Verbund«. Doch das Unterbewußtsein ist stärker und so fällt Grobecker immer wieder in die Rolle des verantwortlichen Unternehmers zurück: »Wir haben uns Arbeit gekauft, wir haben nicht etwa Reedern den Hintern vergoldet, Entschuldigung, das ist kein parlamentarischer Ausdruck, die Nase vergoldet, sondern wir haben uns Arbeit gekauft.« »Wir haben uns Arbeit gekauft« – eine treffliche und populistische Formulierung, die im übrigen parteiübergreifende Zustimmung fand. Hätte nicht anderenfalls der Senat »Arbeitslohn« in Form von Arbeitslosenunterstützung und Sozialhilfe zahlen müssen? Selbst der Abgeordnete der Grünen und spätere Senator Ralf Fücks argumentierte: »Die Werften müssen erhalten bleiben mit ihren menschlichen Qualifikationen und dem technischen Potential als Ausgangspunkt für neue industrielle Aktivitäten in den Krisenregionen des Nordens. Es ist erheblich billiger, Werftenarbeitsplätze auch mit Subventionen für eine Übergangszeit zu erhalten, als neue Arbeitsplätze auf der grünen Wiese aufzubauen.« Zur Bekräftigung führte der grüne Politiker Zahlen des Schiffbau Verbandes an, wonach der Erhalt eines Arbeitsplatzes auf deutschen Werften 120 000 Mark kostete, die Kosten für eine Neuansiedlung von Arbeitsplätzen hingegen beliefen sich auf 200 000 Mark. Im Haushalt des Landes Bremen schlugen die Maßnahmen im jährlichen Zinsbelastungen von mehr als 20 Millionen Mark zu Buche. Dennoch stimmte auch die CDU-Opposition dem »Kauf von Arbeitsplätzen« zu, weil eine Ablehnung ihrer Meinung nach den Zusammenbruch der *Vulkan AG* zur Folge gehabt hätte. »Wir wollen nicht die Existenz des bremischen Schiffbaus auslöschen. Die Crash-Kosten wären unverantwortlich hoch. Unterstellt man den Konkurs, also die Verweigerung der Liquidität mit der Folge des Konkurses, müßten wir aus Bürgschaften und Garantien mit 450 Millionen Mark antreten. Da bricht natürlich jede alternative Politik zusammen«, bemerkte der CDU Abgeordnete Günter Klein ebenfalls am 25. August 1988. Kaum acht Jahre später stand das Land mit mehr als einer Milliarde Mark in der Kreide. Die Rechnung des Finanzsenators Grobecker war nicht aufgegangen: Er hatte einen Rückgang des Bürgschaftsengagements in dem Maße prognostiziert, in dem der Schiffneubau reduziert werde, also um 50% ...

Die Startvoraussetzungen von Friedrich Hennemann schienen nahezu ideal: Er blickte auf 15 Jahre Erfahrung mit der hansischen Industrie und der Bremer Beamtenschaft zurück und er wußte, wo die Fördertöpfe standen respektive mit welchen Formularen man sie öffnet. Auch in den Besoldungsgruppen seiner Beamtenkollegen kannte er sich aus, in den Gehaltsstufen deutscher Manager hingegen kaum. Bescheiden war sein Anfangssalär, so niedrig, daß sein späterer Stellvertreter mehr auf dem Gehaltsstreifen hatte als der Chef. Einmal schrieb er diesbezüglich an seinen Freund Hans Koschnik ins Rathaus: Er habe nicht auf den *Vulkan* warten müssen. Lukrative Angebote aus der chemischen Industrie hätten ihm ein Vielfaches seines Verdienstes beim Schiffbau eingebracht – allein die Steuern wären dort bereits höher ausgefallen als seine Bezüge beim *Vulkan*. Dennoch – er blieb und konnte auf andere Weise aus dem Vollen schöpfen. Nicht nur, was die Kasse anbelangte.

Der Werftenverbund war geschmiedet und stand vor der Verabschiedung. Die Idee eines Mischkonzerns und der Diversifizierung war auf Kiel gelegt, nur noch die Hennemannschen Visionen mußten beigemischt werden.

Der *Vulkan* Verbund, ein Werften-Modell für Deutschland und warum nicht für Europa! Ja, überhaupt: Von Bremen aus wie einst die Pfeffersäcke die Weltmeere erobern.

Vor allem mußte das Unternehmen wachsen. Rasch wachsen. Die Parole dafür hatte ihm sein Freund an der häuslichen Kellerbar in Vegesack, Kalli Schönberger, mit auf den Weg zum *Vulkan* gegeben. Kalli Schönberger war Betriebsratsvorsitzender und seine Devise war Allgemeingut der Sozialdemokraten an der Weser: »Der *Vulkan* muß größer werden als die *AEG*.« Dann wage niemand mehr Hand an die Werften zu legen.

So fand ein kaum mehr zu überschauender Ankauf von Unternehmen zur Arrondierung des Verbundes statt – die Opposition schien Hennemanns Lust auf neue Töchter förmlich zu verschlafen. Der teuerste Zukauf für die gigantische sozialdemokratische Beschäftigungsgesellschaft dürfte die Maschinenschmiede *Dörries Scharmann* gewesen sein. Über den Erwerb einschließlich des Kaufs von *Schieß,* ebenfalls Werkzeugmaschinenhersteller, ist viel spekuliert worden. Bis zur Frage ob der dafür verantwortliche *Vulkan*-Vorstand Anton Schneider, einst Chef von *Dörries Scharmann*, mit dem Kauf der Pleitefirma *Schieß* der Metallgesellschaft und damit der Deutschen Bank einen Gefallen habe tun wollen. Die *Deutsche Bank* nämlich war Hauptaktionär und hat ihrerseits Schneider kurz nach dem Deal einen feinen Gefallen getan: Kurz vor dem Untergang des *Vulkan* Verbundes holten die Frankfurter Banker den Mann von Bord und setzten ihn als Chef in das von ihnen beherrschte Kölner Motoren-Unternehmen *Deutz* ...

Offiziell wurde der Kauf von *Schieß* mit dem Argument der Marktbereinigung begründet. In Wahrheit dürfte der Zweck ein anderer gewesen sein: Friedrich Hennemann hatte mit dem Erwerb des Werkzeugherstellers ein Unternehmen aus Nordrhein-Westfalen mit ins Bremer Boot gezogen. Fortan konnte niemand mehr behaupten, es gehe bei der Subventionierung von Arbeitsplätzen einzig um regionale Interessen. Noch befand sich der *Vulkan* Verbund in der Aufbauphase. Noch waren die Leichen im Keller von *Schieß* nicht gefunden. Noch zurrten die Bilanzen der Werkzeugmacher nicht an den Tauen der Bremer Werften. Noch ging es ausschließlich um den »Aufbau einer leistungsfähigen, selbständigen und ergebnisorientierten Unternehmensgruppe, die die Fähigkeit der im Schiffbau Beschäftigten und der vorhandenen Betriebe durch die Entwicklung neuer technischer Erzeugnisse und deren weltweiten Vertrieb in einer nicht mehr von Schiffbau abhängigen Industrie einsetzt«. Bereits auf seiner ersten Pressekonferenz zur Bilanz 1987 prophezeite der frisch gebackene *Vulkan*-Chef schwarze Zahlen für den Verbund. »Der Kraftakt zum Abwurf des Ballasts ist notwendig gewesen«, kommentierte Hennemann eine Bilanz. Die Verluste hatten sich 1987 auf 168 Millionen Mark nahezu verdoppelt, »auch« wie Hennemann betonte »um gegenüber dem öffentlichen Zuschußgeber nachweisen zu können, daß das Unternehmen bereit ist, für die Gestaltung einer tragfähigen Zukunft einen erheblichen Eigenbeitrag zu leisten.« Bei solcher Logik wußten selbst die Banken im Aufsichtsrat nichts mehr zu erwidern.

Deutsche Bilanzen lassen sich für die Öffentlichkeit hervorragend schönen, selbst mit Verlusten. Das Bilanzierungsrecht bietet auch den Wirtschaftsprüfern ausgiebig Spielraum dafür. Hennemann und die seinen waren Meister darin. Im Vergleich zu späteren Werken war die Bilanz von 1987 gleichsam ein Gesellenstück. Nicht von ungefähr bezeichnete die Wochenzeitung *Die Woche* den Bremer Manager einmal als »Meister der Verwirrspiele und Metternichscher Kabinettspolitik«.

Zwei Jahre später, 1989, war das historische Jahr, in dem geschah, was weder der Visionär auf dem *Vulkan* noch Helmut Kohl sein Freund am Rhein, vorausgesehen hatten: der Ausbruch des Freiheitsdrangs im Osten der Nation, der Fall der Mauer und der Sturz des sozialistischen Systems. Der politischen Wende folgte eine Zäsur für die deutsche Schiffbauindustrie. Mit einem Schlag hatte sich dessen Produktionskapazität verdoppelt, die Anzahl der Beschäftigten um ein Mehrfaches erhöht. Und das zu einem Zeitpunkt, als in der Bundesrepublik versucht worden war, die Werften gesund zu schrumpfen. Ein Jahr zuvor erst hatte der Bremer Senat das Verbundkonzept verabschiedet, das den Anteil des Schiffbaus auf 50% der Produktionskapazität begrenzen sollte. Da waren neue Produktionsstätten, gelinde gesagt, kontraproduktiv.

Der Hinweis, es handle sich nicht um neue sondern um zusätzliche, überdies um solche, die nur Schrott produzierten, könnte allenfalls aus jener Ecke der westdeutschen Werftlobby kommen, die sich nicht scheute, die Ostwerften rhetorisch bereits zu verschrotten, bevor die *Treuhand* überhaupt eine Bestandsaufnahme gemacht hatte.

Anders Friedrich Hennemann. Er schickte bereits 1990 seine Emissäre nach Mecklenburg-Vorpommern und schloß Kooperationsverträge mit allen dort ansässigen Werften. Die *Vulkan*-Connection Ost stand bereits, als die *Treuhand* in Berlin aus der Taufe gehoben wurde. Hennemann, der Mann mit Visionen, konnte sich durchaus vorstellen, mit den Werften in Ostdeutschland den *Vulkan* an die Weltspitze zu fahren.

Damit stand er im Widerspruch zur Mehrheit der übrigen deutschen Manager, die am liebsten alles verschrottet hätten, was sich einstmals »Volkseigener Betrieb« genannt hat. Selbst Kanzler Kohl wollte für »die Schrotthalden«, die ihm Ministerpräsident Modrow als Pfand für einen Solidaritätsbeitrag angeboten hatte, keine müde Mark mehr bezahlen. Nur Carsten Rowedder der damalige *Treuhand*-Chef, bezifferte den Wert »des Salats« (Originalton Rowedder) auf 600 Milliarden Mark.

Einzig Hennemann sah, was 1997 der Schiffs Experte Wolfgang Kiesel schrieb: Daß der Preis von Schiffen aus Werften der DDR weniger mit dem Wert als vielmehr mit der Notwendigkeit der Divisenbeschaffung zu tun habe. Frachter aus der DDR, so Wolfgang Kiesel, seien durchaus Alternativen gewesen.

Das Warnow CS 1200 – ein Containerschiff der *Warnwerft* in Warnemünde, mit knapp 12 000 Containerplätzen und einer Tragfähigkeit von mehr als 17 000 t hätte sich auch in Westeuropa zur Zeit der Wende problemlos verkaufen lassen. Auch Typen der *Mathias-Thesen Werft* in Wismar hätten jedem Vergleich standgehalten. Auf der *Volkswerft* in Stralsund, dem Fischerei-Experten im DDR-Schiffbau, hätte es auch nach der Wende genügend Aufträge für internationale Fangflotten gegeben. Know-How, Technik und Infrastruktur, außerdem eine hochmotivierte Mannschaft hätten gute Voraussetzungen geboten. »Doch die Politik«, so Kiesel, »von den blühenden Landschaften im Osten für Jahre geblendet, fand keine wirkliche Lösung für eine Verdoppelung der bundesdeutschen Schiffbaukapazitäten. Die oder wir.« – Hennemann versuchte daraus ein »Die mit uns« zu erzwingen.

Niemand hatte sich trotz Geheimdienst vorstellen können, daß die Industrie im Osten seit Jahren Pleite war. Bis zu ihrem plötzlichen Zusammenbruch wurde die DDR unter den zehn stärksten Industrienationen der Welt geführt. Vollends im Taumel der wiedervereinigten Freiheit sahen die Menschen die deutsch-deutsche Landschaft wie mit anderen Augen. Friedrich Hennemann indes blieb kühl. Er kannte die Umsatzrentabilität der Branchen. Sie lagen, insbesondere in den Bereichen Schwerindustrie und dem Schiffbau, im Durchschnitt bei Minus 50%. Doch Zahlen haben einen Visionär noch nie beeindruckt, geschweige denn abgeschreckt. Und als die Übergangsregierung Modrow immer noch mit dem Gedanken spielte, westliche Unternehmen allenfalls in Joint Ventures mit maximal 49% zu beteiligen, gehörte Hennemann zu jenen Managern, die *Treuhand*-Experte Michael Jürgs als »die schnellen Patrioten des Westens« bezeichnet, »die längst ganz andere Modelle entwickelt und mit entsprechenden Zusagen flugs gewendeter Generaldirektoren, ihnen nach der Übernahme ein Unterkommen zu bieten, schon Tatsachen geschaffen haben.« Hennemann hatte bereits 1990 mit allen Werften im Osten ein Kooperationsabkommen geschlossen. In den Schaltzentralen von Bonn und Brüssel saßen seine Berater. Und wenn Politiker oder *Treuhand* nicht so wollten, wie er es sich wünschte, ließ er durch seinen Freund und IG Metall Chef Nord, Frank Teichmüller, die Werftenarbeiter in Berlin vor den Toren der *Treuhand* aufmarschieren, oder die Werksgelände von Wismar und Rostock besetzen.

Keiner will's gewesen sein: Geldgeber, Lobbyisten, Taktiker – und die Treuhand mittendrin

Erstaunlich ist aus heutiger Sicht, daß in Bonn und Brüssel mit Ausnahme der Genannten niemand mehr zu finden ist, der Hennemanns Ost-Engagement befürwortet hätte. Im Gegenteil, alle Zuständigen scheinen gegen eine Bremer Übermacht an der Ostseeküste gewesen zu sein. Im Finanzministerium, im Kanzleramt, in den Fraktionen – überall will man gewarnt haben vor Hennemann und seinem Plan. Spürbarer Gegenwind wehte aus dem Wirtschaftsministerium. Melitta Büchner – Schöpf, verantwortlich für die Schiffbauindustrie, hatte Minister Jürgen Möllemann »vor dem Scharlatan« gewarnt. Möllemann hält sich noch heute zugute, daß es ihm gelungen sei, die freundliche Übernahme aller Ostwerften durch den Bremer *Vulkan* verhindert zu haben. Ebenfalls reserviert zeigte sich der im Kanzleramt zuständige Beamte Johannes Ludewig. Der inzwischen zum Chef der *Deutschen Bahn*

AG Aufgestiegene sieht sich als großer Verbündeter all jener Hennemann-Kritiker, die dem Bremer nicht zutrauen wollten, die Ostwerften in der von ihm geplanten Weise zu sanieren. Glaubt man dem Bild, das zu zeichnen sich heute alle bemühen, dann war in Bonn jedem klar, welches Risiko man eingehen würde, sollte das Schicksal des Schiffbau Ost nur einem einzigen Westunternehmen anvertraut werden. Ein Konkurs des Unternehmens würde den finanziellen Ruin von Mecklenburg-Vorpommern bedeuten. Denn außer Werften hatte das Land nur Seen und einen weiten Horizont zu bieten. Darauf wies vor allem der Wirtschaftsminister vor Ort, Michael Lehment, hin. Der Liberale war sogar nach Brüssel gereist, um bei Parteifreund Bangemann vorzusprechen, und vor den Gefahren der *Vulkan*-Übernahme zu warnen. Als Alternative bevorzugte Lehment eine Mischlösung, an der auch ausländische Unternehmen wie die norwegische *Kwerna Werft* beteiligt werden sollten. Bei der EU in Brüssel indes wurde der Liberale aus dem Osten arg enttäuscht. Stundenlang wartete der Minister in den Vorzimmern des Kommissars, ohne daß er empfangen wurde. Unverrichteter Dinge mußte er nach Schwerin zurückfahren. »Bangemann hat mich verhungern lassen«, schimpfte er noch Jahre später.

»Uns war von Anfang an unwohl«, erinnert sich Lehment, »was heute alle verurteilen, habe man damals in Mecklenburg-Vorpommern bereits geahnt: Da wollte sich jemand gesund stoßen. Doch gegen Hennemanns Lobby in Ost und West hatte niemand etwas ausrichten können.« Die saß nach Lehments Meinung nicht nur bei Martin Bangemann am Schreibtisch, sondern auch in der Bonner Regierungszentrale, Abteilungsleiter Ludewig, das Sprachrohr des Kanzlers, und ganz oben an der Spitze der *Treuhand*, Birgit Breuel, die Chefin.

Das war nicht immer so. Als Carsten Rowedder noch an der Spitze der Behörde stand, hatte Hennemann keine Chancen. Rowedder war ein ausgesprochener Gegner der »Bremer Übernahmepolitik«. Als Michael Lehment im Frühjahr 1994 Birgit Breuel darauf aufmerksam machte, daß Investitionsgelder für die Ost-Werften in Höhe von rund 300 Millionen Mark verschwunden seien, soll ihn die *Treuhand*-Chefin gefragt haben: »Was haben Sie bloß immer gegen den *Vulkan?*« Und ihr zuständiger Vorstand für die Werftenindustrie, Dr. Klaus Peter Wild, habe die Hände gehoben und auf die Machtlosigkeit aller verwiesen, wenn es um Hennemann ging.

Der vermutlich wirkungsvollste Lobbyist von Hennemann während der Aufbauphase des wiedervereinigten Deutschland war Günter Krause, seinerzeit Bundesverkehrsminister und Parteivorsitzender der CDU in Mecklenburg-Vorpommern. Der, so Michael Lehment, hätte dem Werftenverbund am liebsten noch alle Baukombinate des Ostens angegliedert. Als Mitarbeiter am ersten deutschen Staatsvertrag über Wirtschafts- und Währungsunion, habe er die *Treuhand* als eine Art Superaufbauminister gleich mit vereinnahmen wollen, um dann sein Land, vor allem aber die Küstenregion, mit Freund Hennemann zu sanieren.

Krauses Rezept klingt nach Hennemanns Küche: Möglichst groß muß der Werftenverbund werden; konkursunfähig. Und tatsächlich schwärmt Krause noch heute von seinem einstigen Partner in Sachen Werftpolitik. Mit traumwandlerischer Sicherheit habe der die Grundgefühle der Menschen im Osten getroffen. Sein Fehler sei es gewesen, nicht die notwendige »man-power« im Management heran geschafft zu haben: »Die Führungs-Crew stimmte nicht.« Erläutert er das seiner Ansicht nach einzige Problem. Die Norweger hätten ihm damals gesagt, eine zweite Werft in Mecklenburg würden sie nicht packen. Hennemann war bereit alle fünf zu übernehmen.

Nachdem der *Vulkan* mit Hilfe von IG-Metall-Chef Frank Teichmüller und dem Druck der Straße die Werft in Wismar kassiert hatte, fiel ihm Stralsund »wie eine reife Pflaume in die Hände«. Das habe vor allem Johannes Ludewig im Bundeskanzleramt durchgesetzt, so Krause. Hennemanns Begriff von einer gemeinsamen deutschen Werftenlösung paßte in die Einheitspolitik. Eindringlich wie er sein konnte, warnte er die *Treuhand* vor einem Ausverkauf an ausländische Investoren und einer staatlichen Lösung à la Salzgitter. Desgleichen könne den deutschen Schiffbau international nicht wettbewerbsfähig machen. Statt dessen forderte er eine »Mecklenburg-Vorpommern Schiffbau Company«.

Preussag und *Thyssen* jedoch lehnten den Vorschlag, wie schon in den achtziger Jahren ab. – Womit er, wie man weiß, jedoch nicht endgültig gestorben war. Denn nach dem Untergang der *Vulkan Verbund AG* wurde die Hennemann-Idee von den Überlebenden *Thyssen* und *Salzgitter* wieder aus der Kiste geholt und neu diskutiert ...

Eine etwas andere Sicht der Dinge schildert das *Treuhand*-Tagebuch von Birgit Breuel. Birgit Breuel beklagt sich darin, wie schwierig es gewesen sei, Käufer für die Werften in Mecklenburg-Vorpommern zu finden. Das Interesse westdeutscher Manager am maroden Osten sei äußerst zurückhaltend gewesen.

Dank intensiver Bemühungen der Treuhänder, so Birgit

Breuel in ihrem Tagebuch, seien dann die Kontakte zur *Vulkan AG* zustande gekommen. Eine aus Sicht der *Treuhand* vielleicht notwendige Geschichtsklitterung, um den Vorwürfen entgegen zu treten, die Verträge mit dem *Vulkan* seien miserabel ausgehandelt worden – schwerwiegende Vorwürfe erhoben nicht von irgendwem, sondern vom Bundesrechnungshof.

Mangels Konkurrenz jedoch, so die *Treuhand*-Version, habe man sich in einer Position des Schwächeren befunden. Hinzugekommen sei eine von vornherein negativ beeinflußte öffentliche Meinung, geprägt vor allem im Westen von einer Überheblichkeit, die durch keinerlei sachliche Argumente zu widerlegen gewesen sei und zu einem stark verzerrten Bild von den ostdeutschen Werften geführt habe. In der Tat war im *Weserkurier* im Anschluß an eine von der *Treuhand* organisierte Journalistenreise nach Rostock von einer Besichtigung »antiker Werften« die Rede, und von einem »Produktionsstandard, der dem der fünfziger Jahre entspreche; die Form- und Stellzuschneidemaschinen der *Warnowwerft*«, so der entsandte »Experte« gehörten wohl eher ins Deutsche Museum. Und im *Spiegel* wetterte die Hamburger Werftenlobby: »Wir können und werden nicht zulassen, daß im Osten ein staatlicher Schiffbaukonzern entsteht, der seine Kunden hochsubventioniert in unseren westlichen Märkten sucht.«

Im April 1991 wächst der Druck. Zwar ist ein potentieller Käufer gefunden, die Bonität auf den ersten Blick sichergestellt. Von einer Lösung hingegen ist man weit entfernt. Hinter den Kulissen beginnt ein Streit um die Frage, ob die mecklenburgischen Werften im Paket saniert und anschließend einzeln veräußert werden sollen, oder ob sie so schnell wie möglich im Zustand, wie sie sind, abgestoßen werden. Das Nachfolgeunternehmen des DDR Schiffbaukombinates beschäftigt zu dieser Zeit noch 46 000 Mitarbeiter, mehr als auf allen westdeutschen Werften zusammen. Birgit Breuel steht unter Erfolgszwang und unter politischem Druck. Vor den Toren der *Treuhand* in Berlin stehen die Gewerkschaften und ihre Mitglieder. Zeit sei die knappste Ressource, die uns zur Verfügung stehe – so pflegte die seinerzeitige *Treuhand*-Chefin zu sagen. Trotz Zeitdrucks wurde um Prioritäten gerungen: Sofort Privatisieren oder zuerst Sanieren? In ihrem Tagebuch vermerkt Birgit Breuel, wie schnell diese Formel zu Mißverständnissen und der Befürchtung geführt habe, Privatisierung zerstöre Arbeitsplätze. »So eindringlich wir auch entgegensetzten, daß für uns Privatisierung der richtigste Weg zur Sanierung eines Unternehmens ist, dieses Ziel vom Erwerber aber auch tatsächlich angestrebt werden und umgesetzt werden muß, so hartnäckig setzte sich in den Köpfen und in der politischen Auseinandersetzung fest, daß Sanierung und Privatisierung Gegensätze seien.«

Nicht ganz zu Unrecht, wie sich zeigen sollte. Denn als habe sie selbst die Gefahr vorausgesehen, betont Birgit Breuel in ihrem Tagebuch die Forderung nach einer Umsetzung der Sanierung. Folglich muß sich die *Treuhand* den Vorwurf gefallen lassen, daß sie nichts getan hat, um diese Forderungen auch durchzusetzen bei jenem Käufer, der dann endlich nach angeblich langem Warten, Interesse für die Werften in Mecklenburg-Vorpommern zeigte: Friedrich Hennemann und die *Vulkan AG*. Als hätte die *Treuhand* übersehen, daß der *Vulkan*-Chef bereits seit 1990 seine Fühler an der Küste der Ostsee ausgestreckt hatte.

Hennemann will das ganze Paket; die Kosten stehen bereits fest: 3,5 Milliarden Mark muß die *Treuhand* locker machen, für Entschuldung, Beihilfen und Investitionen. Doch weil auch Monate später noch keine Einigung absehbar ist, lediglich eine Absichtserklärung zwischen *Vulkan AG* und *Treuhand*, betreffs einer Übernahme der *Mathias-Thesen-Werft* in Wismar und der *Neptunwerft* in Rostock vorliegt, konstituiert sich im März 1992 im Schweriner Landtag ein Untersuchungsausschuß zur Klärung der Werftensituation. Er sollte zur tragikomischen Dauereinrichtung werden und tagt im Jahre 1998 noch immer. Der *Vulkan* ist zu diesem Zeitpunkt bereits seit zwei Jahren pleite. Besagte Absichtserklärung übrigens war für den *Vulkan* von Baron Heinrich Thyssen Bornemisza unterzeichnet, der, wie schon erwähnt, fünf Jahre später hierfür eine Rechnung über rund 5 Millionen Mark als Beratungshonorar einreicht ...

1992, dem Jahr, in dem in Schwerin der Untersuchungsausschuß einberufen wurde, zeigen sich die Früchte der Connection, die Friedrich Hennemann seit dem Fall der Mauer im Osten aufgebaut hat. Hartnäckig hält er an seiner Paketforderung fest, trotz heftiger Widerstände in Bonn, Brüssel und Schwerin. Am 2. März machen in Wismar die Arbeiter mobil und fordern ihrerseits die Paketlösung. Zehntausende nehmen an einer symbolischen Betriebsbesetzung teil. In Bonn fordert Hennemanns Lobbyist Krause den sofortigen Rücktritt von Wirtschaftsminister Lehment. Birgit Breuel vermerkt in ihrem *Treuhand* Tagebuch dazu: »Die *THA* (*Treuhand*-Anstalt) befindet sich in einer vertrackten Lage, denn ungewollt wirkt sie mit jeder Entscheidung über eine der beiden Privatisierungsvarianten auf die Auseinandersetzung der Landespolitik ein.«

Am 10. März 1992 entscheidet sich die *Treuhand* für

einen Kompromiß: Demzufolge soll der *Vulkan* die meisten der zu veräußernden Betriebe der ehemaligen *Deutsche Maschinen-Schiffbau GmbH* in Mecklenburg-Vorpommern, die norwegische Werft *Kwaerna,* jedoch den Zuspruch über die *Warnow-Werft* erhalten, um so das Risiko besser zu verteilen. Für Wirtschaftsminister Lehment und die *Treuhand* ein Ergebnis, mit dem sie glauben, zufrieden sein zu können, verfügen doch sowohl *Kwaerna* als auch *Vulkan* über Erfahrungen der Sanierung und der notwendigen Produktdiversifizierung. Doch die Bekanntgabe des Beschlusses wird mit überwiegend negativen Schlagzeilen quittiert. Die Presse spekuliert über zu hohe Kosten – angeblich 7,3 Milliarden Mark. Von einer »Luxusprivatisierung« ist die Rede. In Wahrheit belaufen sich die taxierten Kosten auf 3,5 Milliarden einschließlich der Altschulden. Freilich, bleiben sollte es bei dieser Summe nicht. Jürgen Dombert, Schiffahrtsexperte des *Hamburger Abendblattes* spricht von einem »riskanten Finanzmanöver im Osten«. Seine dunklen Ahnungen sollten sich bald bestätigen.

Wie auch immer – die Verträge konnten geschrieben werden. Angesichts der Referenzen eines Friedrich Hennemanns, dessen Nähe zu Helmut Kohl inzwischen für jedermann unübersehbar war, bedurfte es keiner aufwendigen Bonitätsprüfung mehr. Da genügte es, bei der Creditreform in Neuss anzurufen. Wohlgemerkt: Es ging um ein Finanzierungsvolumen von 2,6 Milliarden Mark. Wer von seiner Bank schon mal ein paar tausend Mark haben wollte, weiß, wieviele Fragebogen ausgefüllt, welche Sicherheiten nachgewiesen werden müssen, bis ein Kleinkredit genehmigt ist. Aber darum ging es ja hier nicht.

Die meisten der in den Privatisierungsverträgen zugesagten Gelder bestanden aus Beihilfen und Zuschüssen. Darlehen bewegten sich »nur« in dreistelligen Millionenhöhe. Die *Treuhand* aber war dennoch verpflichtet, bei Privatisierung im Osten eingehend zu prüfen, ob der Käufer überhaupt in der Lage war, mit so viel Geld umzugehen, und ob er die mit den Subventionen verbundenen Auflagen auch bedingungslos erfüllen könnte. Der *Vulkan* zum Beispiel mußte sich verpflichten, Investitionen aus eigener Kasse in Höhe von mehr als 700 Millionen Mark zu tätigen. Sollte das nicht Anlaß genug für eine sorgfältige Prüfung gewesen sein? Schließlich war die Garantie für eine Unternehmensfortführung in diesen Dimensionen von erheblicher gesamtwirtschafts- und beschäftigungspolitischer Bedeutung.

Die *Treuhand* jedoch begnügte sich mit einer Bankauskunft. Und die Hausbank der *Vulkan AG* erteilte brav ihren Segen: »Wir halten das Management für fähig, die Unternehmensgruppe zu leiten. Hinsichtlich der finanziellen Ressourcen verweisen wir auf unsere in der Anlage beigefügte Gliederung der Bilanz zum 31. 12. 1991. Wir stehen mit der Gesellschaft seit langem in Geschäftsverbindung und gewähren Kredite auf gedeckter Basis.« Neben der Standardauskunft der Creditreform prüfte die *Treuhand* die Güte des Unternehmens noch anhand von Börsenzulassungsprospekten aus dem Jahr 1990 und vom Januar 1992. Danach hatte die Plazierung von Aktienemissionen die positive Einschätzung des Konzerns durch den Kapitalmarkt bestätigt. Bei genauer Auswertung der Geschäftsberichte und des Unternehmensprofils indes hätte kein aufmerksamer Wirtschaftsfachmann mehr zu dem Ergebnis kommen können, daß es sich beim *Vulkan* um ein alteingesessenes, solide gewachsenes und gesundes Unternehmen handle. Die *Vulkan Verbund AG* hatte nichts mehr zu tun mit der *Vulkan*-Werft, die einst die Keimzelle des gigantomanischen Unternehmens war. Die *Vulkan Verbund AG* hatte Anfang der neunziger Jahre nicht einmal die Pubertätsphase hinter sich. Die *Treuhand* hatte es, als sie mit Friedrich Hennemann verhandelte, mit einem Konzern im Werden zu tun, wie es der Vorstandskollege Hans E. W. Hoffmann formulierte. Zu dem mit rasender Geschwindigkeit gewachsenen – und weiter wachsenden – Unternehmen gehörten 1992 die *Schichau-Seebeck Werft*, eben erst fusioniert, die *Lloyd Werft Bremerhaven*, die *Neue Jade Werft* und die *Flender Werft*. In einem neu geschaffenen Industriebereich waren die Geschäftsfelder Maschinenbau, Hafen und Umschlagtechnik, Umwelttechnik, Automatisierung und Anlagenbau zusammengefaßt. Der Gesamtumsatz belief sich auf 1,3 Milliarden Mark.

Die Expansion des Unternehmens wird auch an der wachsenden Anzahl der Beschäftigten deutlich. Von 7941 im Jahr 1989 war diese auf 28 000 im Jahr 1993 gestiegen, die personalbezogenen Ausgaben von 1,6 Milliarden auf 6,1 Milliarden Mark. Allerdings wurde dieser quantitative Anstieg nicht im selben Maß von einer qualitativen Aufwertung des Managements begleitet. Auffallend groß war die Fluktuation an der Spitze des Konzerns. Weder gab es zu dieser Zeit ein homogenes Kontrollsystem noch eine funktionierende Liquiditätsplanung. Lediglich Friedrich Hennemann war unverändert Mitglied des Vorstandes. Allein das Finanzressort wurde in den Jahren zwischen 1989 und 1993 viermal umbesetzt. Ungeachtet dessen wurden zwischen August 1992 und Juli 1993 die Privatisierungsverträge für einige der bedeutendsten ostdeutschen Werften notariell beurkundet: am 11. August 1992 mit der *MTW*

Schiffswerft in Wismar und dem *Dieselmotorenwerk* Rostock; am 18. Februar 1993 mit der *Volkswerft* in Stralsund; am 7. Juli 1993 mit der *Neptun Industrie* Rostock. Die Anteile wurden im Wesentlichen durch den Bremer *Vulkan* beziehungsweise durch eines der Beteiligungsunternehmen erworben. Die Kaufsumme betrug 1,3 Millionen Mark. Im Gegenzug verpflichtete sich die *Treuhand*, den Finanzbedarf der Unternehmen für Investitionen, die Deckung von Verlusten sowie Schließungsbeihilfen zu garantieren. Allein für Instandhaltung, Instandsetzung und Aufbauinvestitionen betrug die Summe mehr als eine Milliarde Mark, für Drohverluste rund 886 Millionen Mark. Zusätzlich wurden angemessene Eigenkapitalausstattungen zugestanden. Insgesamt ergab sich ein Finanzbedarf für die vier Unternehmen in Höhe von 2,675 Milliarden Mark.

Darüber hinaus verpflichtete sich die *Treuhand*, die Ost-Werften von den sogenannten Altkrediten zu entschulden, wodurch sich die Leistungen auf 3,472 Milliarden Mark erhöhten. Die *Vulkan Verbund AG* mußte eine Arbeitsplatz- und Investitionszusage abgeben, sowie die Fortführung der erworbenen Unternehmen zusichern – was beides auf einen erstaunlich, um nicht zu sagen, befremdlich kurzen Zeitraum begrenzt war, gemessen an den Milliarden, die dahinter standen. Für die Werft in Wismar zum Beispiel sollten die Garantien nur bis 1995 gelten. Viel länger freilich hätten sie auch nicht gehalten … Die Investitionen sollten ebenfalls überwiegend bis 1995 abgeschlossen sein. Insgesamt sollten 1,7 Milliarden Mark zur Modernisierung in die Werften gesteckt werden. Davon sollte der *Vulkan* 763,7 Millionen Mark übernehmen, der Rest war in Form von Zuschüssen aus öffentlichen Töpfen geplant. Wobei

Hennemann die *Vulkan*-Anteile erst leisten wollte, wenn die öffentlichen Gelder aufgebraucht waren. Was allgemein überraschte. Doch wozu hatte der *Vulkan*-Chef seine eigene Bank gegründet, mit den edlen Buchstaben CC für »Central Cash Management«.

Die Verträge mit der *Treuhand* waren so raffiniert ausgehandelt, daß Hennemann schalten und walten konnte, wie er es für richtig hielt. Obwohl die europäischen Richtlinien vorschreiben, Finanzmittel erst nach Vorlage einer Genehmigung aus Brüssel auszuzahlen, bestand der *Vulkan* darauf, die Gelder vorab fließen zu lassen. Und die deutschen Vertragsparteien fanden einen Weg: Kurzerhand verwandelten die Treuhänder die Subventionen mit Hilfe eines weiteren Vertrages mit der *Vulkan Verbund AG* in ein Darlehen mit fest vereinbarter Zinshöhe, aber ohne Sicherheiten. Gleichsam eine Vorfinanzierung ohne Netz und doppeltem Boden. Die Zinsen sollten nur fällig werden für den Fall, daß die EU die Subventionen nicht genehmigen würde. Für diesen kleinen Umweg benötigte man zwar keine Zustimmung der Kommissare in Brüssel, beim Finanzministerium in Bonn allerdings hätte man sich eine Genehmigung einholen müssen – nichts dergleichen ist in Berlin veranlaßt worden, und nichts hat man diesbezüglich in Bonn moniert. Die Sache lief wie geschmiert. Der Kunde hieß schließlich Hennemann, mit einflußreichen Freunden im Rücken. Was konnte – im Jahre 1992 – ein Bundesfinanzminister Waigel gegen einen Bundeskanzler Kohl schon ausrichten? Und überhaupt, stand nicht über allem der politische Zwang einer raschen und reibungslosen Rettung ostdeutscher Arbeitsplätze? Die nächsten Wahlen kommen bestimmt. Hennemann auf dem Höhenflug. Die Bedingungen für so außergewöhnliche Privatisierungsverträge, wie sie der seinerzeitige *Vulkan*-Chef abschloß, können nur aus einer Position der Stärke gestellt werden. Der Bremer Werften-Verbund aber war zu jener Zeit alles andere als stark. Die Bilanzen wiesen rote Zahlen aus. Die Stärke, die das Bundesfinanzministerium dem Unternehmen zugestand, mußte also andere Grundlagen haben. Ein einziger couragierter Beamter im Ministerium, weigerte sich, die Verträge zu unterschreiben. Im internen Mitzeichnungsverfahren aller beteiligten Referate hat er Bedenken geäußert, im Hinblick auf die in den Verträgen nicht vorgesehene Kontrolle des sachgerechten Einsatzes der von der *Treuhand* zugesagten Finanzierungsbeiträge. Er verweigerte seine Unterschrift mit der Begründung, der »Verzicht auf eine Kontrolle ist nicht vertretbar«. Doch der zuständige Staatssekretär setzte sich darüber hinweg und stimmte den Kaufverträgen mit allen Vorteilen für die *Vulkan-Verbund AG* zu. So einfach ist das, und der Außenstehende fragt sich, wozu ein solches »Mitzeichnungsverfahren« dann noch dient.

Die vorzeitige Auszahlung der Finanzleistungen brachte dem *Vulkan* erhebliche Zinsvorteile. Einem Aktenvermerk des Bundeswirtschaftsministeriums zufolge beliefen sie sich auf rund 220 Millionen Mark. Hennemann hatte den Vertragsabschluß von diesem Zusatz abhängig gemacht und damit vor allem den politischen und gesellschaftlichen Druck ausgenutzt, unter dem die *Treuhand* zu diesem Zeitpunkt stand. Die schwache Verhandlungsposition der *Treuhand* spiegelte sich auch in der Befristung der Fortführungsgarantien von nur wenigen Jahren wider. Aufgrund des nahezu konkurrenzlosen Auftritts der *Vulkan AG* sei jedoch ein anderer Weg nicht durchsetzbar gewesen. Als das Ministerium schließlich doch auf einen Nachweis über die vertragsgemäße Verwendung der Mittel sowie einer ausschließlich bedarfsorientierten Anzahlung der EU-Vorschriften bestand, antworteten die Treuhänder diese Forderung sei durch die vertragliche Vereinbarung nicht gedeckt und könne somit auch nicht erzwungen werden. Andernfalls drohe die Privatisierung zu scheitern. »Hennemann hatte uns in der Hand und wollte uns erpressen«, erinnert sich Johannes Ludewig. Gemäß der unterzeichneten Verträge galten die Verpflichtungen der *Vulkan Verbund AG* bereits als erfüllt, wenn die Arbeiten für Investitionen auf den Werften bestellt worden waren, sie mußten nicht einmal angezahlt sein. Was konsequenterweise bedeutete, daß auch die abschließende Durchführung der Investitionen zeitlich nicht festgesetzt war. Es reichte, wenn kurz vor Ablauf der vertraglich festgeschriebenen Fristen, also Ende 1995, bloße Bestellungen aufgegeben wurden. Nach diesem Datum hatte die *Treuhand* keinerlei Möglichkeit mehr, zu kontrollieren, wofür Friedrich Hennemann die Milliarden ausgegeben hatte. Noch vor Abschluß der Verträge hatte das Finanzministerium während einer Sitzung des Haushaltsausschusses im Deutschen Bundestag im März 1992 festgestellt, daß es sich bei den Privatisierungen aufgrund der Zahlung von staatlichen Mitteln in beachtlicher Höhe sowie der damit verbundenen weitgehenden Freistellung des Käufers von finanziellen Risiken faktisch nicht um einen Kauf, sondern gleichsam um eine Übergabe handle – und diese, wie später der Bundesrechnungshof feststellen sollte, verbunden mit Darlehensbeträgen, die den unmittelbaren Liquiditätsbedarf des Unternehmens erheblich überstieg. Entsprechend würdigt ein interner Vermerk im Bundeswirtschaftsministerium das »Privatisierungsobjekt Ostwerften« am Beispiel der *Volkswerft* in Stralsund: »Die Privatisierung ist sehr teuer. Wie bereits in den vorangegangenen Fällen werden die Erwerbe der *Volkswerft* von sämtlichen unternehmerischen Risiken freigestellt, die im Zusammenhang mit dem Auftragsbestand zum Übernahmestichtag stehen. Ferner wird den Käufern der Produktivitäts- und Investitionsrückstand der Werft (im Vergleich zu einem hypothetischen westlichen Standard) durch die Zahlung eines Investitionsbeitrages der *THA* in Höhe von 380 Millionen Mark ausgeglichen. Wirtschaftlich gesehen erhalten die Erwerber somit eine schuldenfreie Werft auf modernem technischem Stand. Den Käufern fließt zur Abdeckung von im Unternehmen vorhandenen Risiken/Verlusten im Kalenderjahr 1993 überschlägig ein Cash-Betrag in Höhe von 1,089 Milliarden Mark zu!«

Die Vorleistungen in Milliardenhöhe diente dem *Vulkan* letztendlich als Füllhorn für seine Hausbank CC. Ein kaufmännischer Ethos hätte dagegen auf einer ausschließlich bedarfsgerechten Finanzierung der Sanierung der betroffenen Ostwerften bestanden. Der Griff nach Osten sollte sich auszahlen. In den kommenden Jahren winkten mehr als 2 Milliarden Mark an Betriebs-, Investitions- und Schließungsbeihilfen für die *MTW Werft* in Wismar und *VWS* in Stralsund, mithin für die *Vulkan Verbund AG*. Wovon andere Werften nur träumen konnten, hatte Hennemann geschafft: Liquidität in Milliardenhöhe. Allein die Zinsen für diesen Batzen brachten dem *Vulkan* jährlich höhere Erträge als dem Unternehmen jemals zuvor geblieben waren unterm Strich. Die Kassen also waren gefüllt. Charme und Connections hatten gewirkt. Nun sollte die Erfüllung der Visionen folgen.

Man schreibt das Jahr 1993. Broschüren und Prospekte in Hochglanz und mit Goethe-Zitaten werden erstellt: »Alles ist aus dem Wasser entsprungen. Alles wird durch das Wasser erhalten.« Hennemann predigte mit dem Blick für das Ganze. »Denn das Ganze ist mehr als die Summe seiner Teile.« Die Milliarden verleiteten zu Superlativen. Schiffe werden zu »schwimmenden Großsystemen«, angetrieben von »gigantischen Motoren«, hergestellt von einer der »führenden maritim orientierten Industriegruppen Europas«. Der *Vulkan* Verbund auf Erfolgskurs. Friedrich Hennemann, von dem Wunsch beseelt, der Edzard Reuter des Nordens zu werden, steuerte neuen Rekordzahlen entgegen: 28 141 Beschäftigte, so viele wie nie zuvor und nie danach, 6.682 Milliarden Umsatz und unterm Strich der Bilanz ein Ertrag von 190 Millionen Mark – Minus. Der größte Verlust in der Geschichte des *Vulkan*, wie der Vorsitzende in einer vertraulichen Sitzung des Vorstandes bekennt. Und das trotz der *Treuhand*-Milliarden.

Verblüffend, wie es dem Vorstand gelingt, dieses Geheimnis zu hüten, weder Banken noch *Treuhand* erfahren von dem katastrophalen Einbruch. Im Gegenteil: Arglos schließt die *Treuhand* im Juli dieses Rekordverlustjahres 1993 einen weiteren Privatisierungsvertrag mit der *Vulkan Verbund AG* – es ging um die Rostocker *Neptun Werft*. Bei Birgit Breuel steht der Bremer Werften Verbund weiter hoch im Kurs. Trotz der Unkenrufe, die wenn auch zaghaft, so doch mit triftigen Argumenten aus verschiedenen Richtungen zu hören sind. Bei *Thyssen*, *Krupp* und *Meyer*, zum Beispiel, muß man sich die Augen gerieben haben, als man von den *Treuhand*-Milliarden für den *Vulkan Verbund* hörte. Im Kampf um Quoten und Liquiditätshilfe bei der EU in Brüssel waren ihnen solche Ergebnisse nie vergönnt gewesen. Die Manager von *Blohm und Voss* und *Thyssen* hatten sich sehr wohl überlegt, dem Aufruf der *Treuhand* zu folgen und sich im Osten zu engagieren. Sie hatten dankend abgelehnt, nachdem sie festgestellt hatten, es rechnet sich hinten und vorne nicht. Mit den modernisierten Werften im Osten würden sie mit an Sicherheit grenzender Wahrscheinlichkeit ihre eigenen Werften im Westen dem Untergang weihen. Sollten sie sich etwa verrechnet haben? Sie schwiegen, vielleicht weil sie glaubten, sie könnten so zu ihrem Hauptziel gelangen: den übersättigten Markt zu bereinigen. Betrieb nicht ein Hasardeur das Geschäft für sie? Ein Verhalten, so verständlich wie naiv. Sie hätten wissen müssen, daß die *Treuhand* die Werften im Osten nicht verkommen lassen würde. Doch wäre ein Quentchen Marktbereinigung nicht auch dann schon erreicht, wenn der *Vulkan* sich an den Werften in Wismar und Stralsund verheben würde? Ein teures Pokerspiel.

Als Friedrich Hennemann sich für die Bremer Stahlhütte von *Klöckner* interessierte, lästerte die Konkurrenz, jetzt fehlten dem *Vulkan* Verbund nur noch die Erzgruben, dann sei er autark. Sie ahnten nicht, wie nahe ihr Spott dem Bestreben des Managers kam. Die Autarkie gehörte in der Tat zu seinem obersten strategischen Ziel. Immerhin konnten die Schiffbauer des *Vulkan* Verbundes seit geraumer Zeit außer der Elektronik auch die Maschinen und Motoren quasi in einem Haus einkaufen. Was fehlte war, zum Beispiel, der Strom und – selbstredend – das Geld. Also plante Hennemann 1992 die Bremer Stadtwerke zu erwerben und die Finanzkaufleute im Konzern strickten an einem hauseigenen Kreditsystem, um sich von den Banken unabhängiger zu machen. Festgeld und Aktienspekulationen im Central Cash Management boten neue Geldquellen. Allein durch die Privatisierung der Stadtwerke erhoffte sich Hennemann einen Spekulationsgewinn in dreistelliger Millionenhöhe. Und die mit Hilfe des Senats sanierte *Klöcknerhütte* brauchte Hennemann nicht für die eigene Stahlproduktion, sondern als Tauschobjekt für die *Nordsee*-Werft in Emden. Die wollte er haben, weil ihm das endgültig eine Monopolstellung im U-Boot-Bau sicherte, zu der er mit dem Erwerb von *Atlas Elektronik* einen ersten Schritt gemacht hatte.

Große Pläne und ein erster ernster Hinweis

Mit Hilfe von *Treuhand* und Europäischer Union sollte bis 1994 in Wismar das größte überdachte Dock der Welt entstehen und eine nahezu vollautomatische Schiffsfertigung in Betrieb genommen werden. Mehrfach hatte Hennemann sich aus diesem Grund zusammen mit Kollegen aus Vorstand und Aufsichtsrat durch die *Meyer Werft* in Papenburg führen lassen, die bis dato mit der längsten Hallenwerft der Welt im Guinness-Buch der Rekorde vermerkt war. Vorgesehen als Führungswerft für den Großschiffbau im Bremer Verbund war die *MTW* Wismar. Laut Plan im Privatisierungsvertrag vom 1. Oktober 1992 war die Errichtung einer 425 Meter langen und 155 Meter breiten Halle vorgesehen. Als idealer Standort galt der ehemalige russische Schießplatz, der in Sichtweite der alten Werft auf der anderen Seite der Fahrrinne lag. Das angestammte Betriebsgelände war zu sumpfig, eine Trockenlegung hätte zu hohe Investitionen verschlungen. Insgesamt sollte nach Inbetriebnahme der Werft in Wismar ein Drittel der von Brüssel genehmigten Schiffstonnage in den Neuen Bundesländern hergestellt werden. Fertigungsmethoden und Fertigungskosten sollten koreanisches Niveau erreichen: Der von Sensoren gesteuerte Kran holt aus dem Lager die benötigten Stahlplatten und bringt sie in die Halle. Dort werden die Platten automatisch gebrannt, vom Bullauge bis zu den Rohrlöchern zurecht geschnitten und über Fließstrecken zu den einzelnen Arbeitsplätzen gerollt. Beidseitiges Schweißen, in Japan noch als die Rationalisierungsmaßnahme schlechthin gefeiert, gehört in Wismar bereits der Vergangenheit an. Längst müssen die 16 mal 7 Meter großen Platten nicht mehr aufwendig gedreht werden – man hat die einseitige Schweißanlage entwickelt. Nach Bearbeitung in einer Konservierungshalle werden parallel zum Trockendock Sektionen von bis zu 800 Tonnen zusammengefügt und anschließend mit einem Kran, der bis zu 1000 Tonnen heben kann, im Dock abgesetzt. Mit diesem sogenannten »Lego-Verfahren« wird die teure Dockzeit erheblich verkürzt. Neben Schnelligkeit und Automatisierung soll *MTW* sich vor allem durch Qualität und Flexibilität auszeichnen. Keine Spezialisierung, die letztlich eine existentielle Marktabhängigkeit zur Folge hat. Vielmehr soll gebaut werden können, was schwimmt und was gefragt ist auf dem Markt. Schon zu DDR-Zeiten galt die *MTW* als Vorzeigewerft, auf der überwiegend Schiffe für den Westen konstruiert und gebaut worden waren, für Kunden von Holland bis Griechenland. Seit 1970 insgesamt 354 Schiffe und keines, so der Stolz der Arbeiter, habe auch nur eine Bugklappe verloren. Man freut sich über das Vertrauen aus Bremen und gibt sich zuversichtlich was die Zukunft betrifft. Die allerdings sollte aus diversen Gründen erst etwas später als geplant beginnen. Was in diesem Fall nicht nur an Hennemann, sondern auch an der Konkurrenz lag, die er mit seinem Griff nach Osten und nach Übernahme der Weltführung innerhalb der Branche aufgeschreckt hatte. Denn Hennemanns Expansionsdrang endete nicht in Wismar und auch nicht in Rostock. Vielmehr sollten vom Osten Deutschlands aus die Märkte in Osteuropa erobert werden. Dafür hatte er sich nicht nur die richtigen Leute eingekauft, sondern auch die eine und andere Feindschaft begraben. Zum Beispiel die mit dem früheren Staatssekretär im Bundesverteidigungsministerium, Manfred Timmermann. Der Professor hatte dem *Vulkan*-Chef das Geschäft verdorben, nachdem der ein zweites Mal innerhalb weniger Jahre Generalunternehmer für den Bau von Fregatten werden wollte. Beim Typ 122 hatte das Verteidigungsministerium Ende der achtziger Jahre rund 200 Millionen Mark nachschießen müssen, sonst hätten die Kriegsschiffe den *Vulkan* gleichsam beim Stapellauf versenkt. Auch beim Nachfolgetyp 123 versuchte Hennemann mit Dumping-Preisen den lukrativen Auftrag zu gewinnen. Bei der Endrunde der Verhandlungen im Verteidigungsministerium jedoch verteilte der Rüstungsstaatssekretär überraschend leere Briefumschläge und bat die Rivalen der norddeutschen Küste, ihr letztes Angebot hineinzulegen. *Thyssen* unterbot den billigen Hennemann und Vorstand Rohkamm war auf ihn noch Jahre später sauer. Die Kieler hatten zwar den Auftrag erhalten, weil sie 32 Millionen Mark billiger waren. Doch verdienen konnten sie nichts daran. Trotz oder wegen dieses gelungenen Überrumpelungsmanövers heuerte Hennemann den Staatssekretär Timmermann als Manager für den Aufbau Ost an. Als Chef der *Hanseholding* in Mecklenburg-Vorpommern sollte er die Werften neu strukturieren und das Ostgeschäft ankurbeln. Doch bevor der Möbelwagen für Rostock gepackt war, musterte der stellvertretende Vorsitzende des *Vulkan* Verbundes wieder aus. Ähnlich wie vor ihm der Aufsichtsratsvorsitzende Scheider hatte der in St. Gallen lehrende Wirtschaftsprofessor erkannt, welch großes Rad Friedrich Hennemann zu drehen versuchte. Der Professor rettete sich in den Frankfurter Glasturm der *Deutschen Bank,* nachdem er mit einem Brief an den Aufsichtsrat sein Gewissen erleichtert hatte:

»... ist mein Wunsch bei der BVV AG [Bremer *Vulkan Verbund AG*; Anm. d. Verf.] auszuscheiden vor allem in der Sorge um die zukünftige Entwicklung unserer Gesellschaft begründet ... Die Gefahr, liquide Mittel, die von der Treuhandanstalt als Investitions- und Betriebsbeihilfe für unsere Ost-Unternehmen zur Verfügung gestellt werden, zur Finanzierung der Verluste in den West-Unternehmen zu verwenden, ohne eine Sicherheit für die termingerechte Verfügbarkeit im Osten zu haben, kann leider nicht ausgeschlossen werden.«

Timmermanns Brief ist eine unmißverständliche Warnung, beim *Vulkan* könnten Gelder veruntreut werden. Die *Treuhand*-Präsidentin Birgit Breuel indes soll ihn gefragt haben, warum er in einem solch schwierigen Augenblick Fahnenflucht begehe. Gleichwohl scheint sie den Hinweis ernst genommen zu haben. Bereits einen Tag später, am 9. Dezember weist die *Treuhand* darauf hin, es sei zwischen den Vertragsparteien vereinbart, daß die den ostdeutschen Unternehmen zur Verfügung gestellten finanziellen Mittel nicht für westliche Unternehmen abgezogen werden, sondern getrennte Cash-Managements aufgebaut werden sollten. Die *Treuhand*-Anstalt erhebe nur dann keine Einsprüche, wenn die Gelder den begünstigten ostdeutschen Unternehmen auf erste Anforderung sofort zur Verfügung gestellt würden. – Rechtfertigung und Absolution zugleich.

Ein DDR-Admiral und seine unentbehrlichen Dienste

Zwei Mecklenburger hohen Ranges gehörten zu dieser Zeit zu den engsten Verbündeten des *Vulkan*-Managements. Der eine war Minister in Bonn, der andere Admiral a. D. in Rostock: Bundesverkehrsminister Günter Krause hatte bereits von sich Reden gemacht, als er bei seiner Landesregierung in Schwerin für Hennemanns Paketlösung kämpfte, alle Unternehmen im *Vulkan* Verbund zu vereinen, dabei im selben Atemzug den Rücktritt des Mecklenburgischen Wirtschaftsministers forderte, der alles tat, um die Verwirklichung dieses Vorhabens zu verhindern. Doch nicht nur in Krause hatte Hennemann einen getreuen Gefolgsmann am Kanzlertisch. Hendrik Born, der letzte Chef der Volksmarine der Deutschen Demokratischen Republik, bewunderte den vermeintlich erfolgreichen Werften-Chef. Der Ex-Admiral stand seit 1992 auf der Gehaltsliste des *Vulkan* Verbundes und gehört zu den zweifellos schillerndsten Figuren in Hennemanns großem Bühnenstück. Hendrik Born war ausgestattet mit allen Persilscheinen der wiedervereinigten Republik, einschließlich Sicherheitsüberprüfungen vom Verfassungsschutz, Militärischem Abschirm-Dienst und der so wertvollen Unbedenklichkeitsbescheinigung seitens der Gauck-Behörde. Hennemann hat ihn eingekauft, um seine Ostkontakte zu nutzen. Dabei steuerte der Admiral a. D. nicht immer einen für das Unternehmen vorteilhaften Kurs. Schon äußerlich unterscheidet sich Hendrik Born von seinen ehemaligen Offizierskameraden Ost. Mit 44 Jahren war er der jüngste deutsche Marineinspekteur, Sportabzeichen und Friedensmedaille waren die einzigen Dekorationen an seiner Admiralsbrust, auch deshalb soll er 1989 dazu bestimmt worden sein, die Volksmarine in die deutsche Einheit zu führen. Born war ein Mann, den die Kameraden im Westen vorzeigen konnten, ohne sich politisch zu kompromittieren. Einer wie er hätte auch in die Uniform der Bundesmarine gepaßt. Seine Bescheidenheit und seine Loyalität schienen beispielhaft. Doch der Vertrag untersagte die Übernahme hoher Dienstgrade Ost in die Bundeswehr, egal wie weiß die Weste der Offiziere war. So mußte es der Feind von gestern als große Ehre empfinden, auf dem jährlichen Ball der Bundesmarine tanzen zu dürfen – mit Natascha, seiner Frau, die er in St. Petersburg kennengelernt hatte. Die außergewöhnliche Einladung hatte er dem damaligen Chef der Bundesmarine, Vize-Admiral Mann zu verdanken, auf den er im Rahmen der Einheitsverhandlungen offenbar großen Eindruck gemacht hatte: »Einen solch fähigen und loyalen Mann kann man nicht so einfach im Regen stehen lassen«, soll er gesagt haben, nachdem Vize-Admiral Born seine Truppen am 2. Oktober 1990 mit feuchten Augen an den Vize-Admiral der Bundesmarine übergeben hatte. Aus Feinden wurden Freunde, wenn auch keine Kameraden. Born brachte alle fachlichen Voraussetzungen mit, um als Schiffbauingenieur in einem westdeutschen Werftenunternehmen einen Job zu finden. Bevor 1988 seine steile Offizierskarriere in der DDR begann und 1990 genauso schnell als Vize-Admiral und Marine Chef 1990 mit der Wende beendet war, hatte er in St. Petersburg ein solides Ingenieursstudium absolviert. Anschließend war er für die Logistik der Volksmarine verantwortlich. Dank der guten Verbindungen zwischen der Bundesmarine und dem Bremer *Vulkan* war der Teppich für Born bald ausgerollt. Denn dringend brauchte der Werftenboß für seine Osteuropa-Projekte Leute mit Rußlanderfahrung. Und da hatte er mit der Familie Born gleich zwei auf einen Schlag. Beide wurden eingestellt, er als Handlungsbevollmächtigter, sie als Dolmetscherin. Rasch sollte aus dem Einmannbüro eine Hauptabteilung werden, die mit Regierungschefs und Präsidenten der ehemaligen Sowjetunion verhandelte, Verträge schloß, Werften kaufte und nebenbei auch Osmium für insgesamt 2 Milliarden Mark.

Am Anfang scheint Born sich etwas unsicher gefühlt zu haben, so ganz ohne Befehl und Gehorsam in dieser freien Marktwirtschaft. Und beinahe unheimlich wurde dem einstigen DDR-Admiral, als Friedrich Hennemann ihn mit Aufgaben des Kriegsschiffbaus betraute. Nicht nur ihm, übrigens, sondern auch den Beamten der Rüstungsabteilung im Bundesverteidigungsministerium – trotz Persilschein vom Militärischen Abschirmdienst. Borns Strategiepapier Ost, erstellt für den *Vulkan*-Vorstand, liest sich denn auch wie eine Diplomarbeit über die ehemalige sozialistische Planwirtschaft: »Am entschlossensten versuchen die baltischen Staaten die Reform zu realisieren. Durch ihre Nähe zum Westen, ihre überschaubare Größe haben sie die Chance, sich schneller zu einem funktionierenden marktwirtschaftlichen System zu entwickeln. In den Staaten der GUS bestimmt Rußland das Tempo. Die Ukraine, Weißrußland und Kasachstan versuchen ihre Unabhängigkeit durch eigenständige Politik zu festigen. Die wirtschaftlichen Verflechtungen und Abhängigkeiten zwingen die Republiken doch noch für längere Zeit zum gemeinsamen handeln. Für alle Republiken stellen das Fehlen der gesellschaftlichen Erfahrung mit einer funktionierenden Marktwirtschaft und der Zwang, diese Reformen mit dem alten Apparat zu verwirklichen, große Hindernisse dar.«

Dem sollte abgeholfen werden. Der Vorstand beauftragt den Ex-Admiral, in St. Petersburg, Moskau und Kiew Beratungsbüros einzurichten. Die von Born geschilderte marode und finanzschwache Wirtschaft schreckt die Bremer nicht. Geschäfte können auch über Bata, als Warentausch abgewickelt werden. Wofür es wiederum Förderprogramme der EU in Brüssel gibt, zu der man beim *Vulkan* Verbund bekanntermaßen gute Beziehungen pflegt. Gerne wird Regine Meyer aus dem Bangemann-Büro Hendrik Born bei der Aufbauarbeit in St. Petersburg behilflich sein. Der Marinemarkt ist immens. Einschließlich einer großen Anzahl von Binnenwerften und Reparaturbetrieben gibt es in der ehemaligen Sowjetunion rund 500 Betriebe mit mehr als einer Million Beschäftigten. Den Kern der Schiffbauindustrie bilden 38 große Werften nebst Zulieferfirmen mit alles in allem 400 000 Beschäftigten. Die wichtigsten Schiffbauregionen befinden sich entlang der Ostseeküste mit dem Zentrum St. Petersburg/Vyborg sowie am Schwarzen Meer mit dem Zentrum Nikolayew/Kherson. Weitere Standorte liegen an der Nordmeerküste und am Kaspischen Meer.

Mit den baltischen Häfen und mit Odessa am Schwarzen Meer hat Rußland wichtige Stützpunkte verloren. Es ist gezwungen, den eisfreien kaliningrader Hafen auszubauen und die Hafenkapazität von St. Petersburg entscheidend zu erhöhen. Ein Neubau ist geplant.

Die meisten Werften seien technisch erheblich veraltet, so Born in seinem Strategiepapier. Dasselbe gelte für die Flotten. Das Durchschnittsalter der Schiffe der St. Petersburger *Baltic Shipping Company* betrage 18,5 Jahre. Die größte russische Reederei verfüge weder über Tanker noch über Kühlschiffe. Die riesige Fischereiflotte sei kaum in der Lage, die Versorgung der Bevölkerung zu gewährleisten. Sie bestehe aus über 7000 Fahrzeugen, davon 3000 hochseefähig. Zunächst sei ihre Modernisierung vorgesehen. Der Bedarf an spezialisierten Werftkapazitäten sowie an elektronischer Ausrüstung aber kann im Inland nicht gedeckt werden.

Die Rüstungsindustrie umfaßt in Rußland einen Anteil von bis zu 60% an der Gesamtwirtschaft, wobei die Schwerpunkte vor allem in der Metallindustrie, der Elektronik und dem Schiffbau liegen. Allein im Gebiet um St. Petersburg existieren rund 150 Werke und Produktionsstätten. Eine davon will Born als Basis für den *Vulkan* ausbauen. Das Problem bei der Auswahl von Kooperationspartnern: Es wird noch für eine unbestimmte Zeit eine staatliche Lenkung der Wirtschaft geben. Unter Privatisierung verstehen die Russen eine Verteilung des Betriebsvermögens nach dem Schlüssel 20% für die Arbeiter, 30% für die Börse und 50% für den Staat. Für nur 200 000 Mark kauft dieser sich bei der *Nordwerft* ein. Mit einem Aktienpaket von 15% und mit Hilfe der *Treuhand* erhält der *Vulkan* einen Stimmenanteil von 49%. Ungeahnte Möglichkeiten eröffnet der Ex-Admiral seinem Vorstand in Bremen, als er im Zusammenhang mit der Modernisierung der Fischfangflotte einen Milliardenauftrag avisiert, indem er vorschlägt, mit den russischen und ukrainischen Werften zu kooperieren, um strategische Positionen gegen Japan und Korea aufzubauen. Außerdem sollte sich die *Vulkan Verbund AG* an dem vom russischen Präsidenten Boris Jelzin beschlossenen Neubau eines Hafens samt Industriegebiet Ust Luga, hundert Kilometer vor St. Petersburg, beteiligen.

Auch in Kiew bereitet Born den Einstieg des *Vulkan* Verbundes in einen Milliarden Markt vor. Denn die Ukraine, so schildert der Ex-Admiral und Freund des damaligen Präsidenten Krawtschuk dem Bremer Vorstand, hat nach der Trennung von Rußland einen zunehmenden Bedarf an Hilfe aus dem Ausland. Eine hoffnungsvolle Aussage, die den *Vulkan* Chef veranlaßt, sich in Kosten zu stürzen. Als Bundeskanzler Helmut Kohl im Dezember 1992 in die Ukraine reist und seinen Freund Hennemann vergessen hat, ruft Born kurzerhand bei seinem Freund Krawtschuk an, um eine Einladung nachzubestellen. Da die Kanzler-Maschine ausgebucht ist, ordert man einen Privatjet für 70 000 Mark und fliegt hinterher. Bei der Erschließung von Milliarden-Märkten ist Bescheidenheit fehl am Platz. Entsprechend tritt Hennemann dann auch in Kiew auf, eingereiht in die Kanzler-Delegation mit der obligatorischen Kamera, flankiert von Admiral a. D. Hendrik Born. Wie gut, daß der dabei ist, er bewahrt seinen Chef noch kurz vor der Rückreise vor einem diplomatischen Eklat:

Eine persönliche Unterredung mit Präsident Krawtschuk dauert bis in den späten Nachmittag. Hennemann muß zum Flughafen. Der Learjet darf nach Sonnenuntergang nicht mehr starten. Der Präsident hat viel Einfluß, doch selbst der endet am Himmel und den internationalen Regeln zur Flugsicherung. Kurze Verabschiedung, man sieht sich ja bald wieder. Milliardengeschäfte winken nach der Unterzeichnung eines Regierungsabkommens zwischen beiden Ländern. Die mit dem Kanzler vereinbarte Zusammenarbeit soll Krawtschuks Unabhängigkeitspolitik gegenüber Rußland unterstützen. Besonders im Erdölgeschäft will die Ukraine selbständig sein. Da werden Tanker gebraucht – Hennemann und der *Vulkan* sind gefragt. Außerdem müssen die ukrainischen Werften umgerüstet werden. Mit dem Bremer Know How für den europäischen Sicherheitstanker E3 soll am Schwarzen Meer eine Tankerflotte entstehen, damit die Ukraine nicht mehr auf die russischen Pipelines angewiesen ist, sondern auch Öl auf dem Seeweg aus Iran besorgen kann. Als Betreiber ist eine gemeinsame Gesellschaft namens *Black Sea Shipping Corporation Blasco/Vulkan* vorgesehen. Die Connection zum *Blasco*-Chef ist hergestellt. Born kennt den von Krawtschuk frisch gekürten Reedereipräsidenten Pawlo Kudjukin noch als kleinen Hafenbeamten aus Odessa.

Der Kooperation mit der größten Reederei der Welt also steht nichts mehr im Wege – nun aber drängt die hereinbrechende Dämmerung. Da stellt sich beim Hinausgehen ein mächtiger Ukrainer vor den Chef des *Vulkan* Verbundes. Er will mit ihm über Schiffscharter reden. Hennemann gestikuliert eher deutlich als hanseatisch distinguiert. Bis Born dazwischen tritt und aufklärt: Der Verkehrsminister der Ukraine wünsche ihn kurz zu sprechen. Dafür geht's anschließend mit Blaulicht zum Flughafen. Diplomatische Verwicklungen sind das letzte, was Friedrich Hennemann beim Aufbau Ost gebrauchen kann. Es gibt schon genug Probleme mit undurchsichtigen Verbindungen und Verstrickungen an der Schwarzmeer-Küste zwischen den Regierungen, den Dollar und DM süchtigen

Wirtschaftsbossen und westlichen Unternehmern. Das werden die Bremer bei ihrem Kontakt mit *Blasco* und Kudjukin noch merken. Der Reedereipräsident kommt eigens nach Bremen, um feierlich ein Memorandum of Understanding zu unterzeichnen, mit dem eine weltweite Kooperation vereinbart wird. Unter der Flagge von *Blasco* fahren 250 Schiffe. 35 Filialen sind über die Häfen aller Kontinente verteilt, 29 000 Mitarbeiter sind bei *Blasco* beschäftigt. Der Umsatz beträgt 1993 mehr als 2,5 Milliarden Dollar.

Immer wieder ist es Born, der bei Abschlüssen, wie dem mit *Blasco* auf Tempo drängt. Er kennt den Ostmarkt und weiß wie eifrig die Konkurrenz in Rußland und Umgebung akquiriert. Finnen, Norweger aber auch Amerikaner und Japaner trifft er vor Ort. Entgegen seinen alten sozialistischen Gewohnheiten empfiehlt der Ex-Admiral mehr Risikofreudigkeit und einen frühen Beginn von Kooperationen, bei denen sich im internen Wettbewerb mit deutscher Unterstützung der richtige Partner durchsetzen wird. »Viele Weichen«, so pflegt er zu sagen, »die nicht sofort Ergebnisse versprechen, werden jetzt gestellt.«

Unbenommen dessen macht er auf Schwierigkeiten aufmerksam, wobei staatliche Unterstützung sowohl bei der Bundesregierung als auch bei den Partnern zunehmend wirksamer organisiert werden können, sofern man den richtigen Partner gefunden hat. Immer wieder ist zu erkennen, welchen Vertrauensvorschuß deutsche Unternehmen genießen, nicht zuletzt aufgrund der außergewöhnlichen Hilfsbereitschaft seitens der Bundesbehörden. Durch eine Zusammenarbeit in überschaubaren Projekten mit tragbaren mittel- und langfristigen Rückflußrisiken sollte man strategische Positionen vorbereiten. »Wer sich in schwierigen Zeiten als Freund erweist, der ist immer wieder gern gesehen.« –

Hendrik Born liebt Aphorismen und russische Sprichwörter. Im Kampf ums Überleben wird dem *Vulkan* diese russische Lebensweisheit wenig nutzen, Born dagegen wird sie auch nach der Bremer Pleite über die Runden helfen. Noch aber entdeckt Born weitere Zukunftschancen für die *Vulkan Verbund AG.* Zum Beispiel bei der Verhinderung ökologischer Katastrophen in der Ostsee. Nach dem Weltkrieg wurden dort Hunderttausende von Tonnen an Munition und Kampfstoffen versenkt. Allein vor Bornholm sollen 35 000 Tonnen Giftgasmunition in Form einer 400 Meter langen Blase lagern. Es geht um die Entsorgung. »Eine Beteiligung des *Vulkan* könnte auch aus Imagegründen Vorteile bieten, insbesondere wenn das Engagement des Verbundes in Mecklenburg-Vorpommern zum Erfolg führt«, empfiehlt Born in seinem Strategiepapier Ost.

Einmal in Schwung gekommen, übertrifft der Ex-Admiral eines Tages mit einem außergewöhnlichen Vorschlag alle Vorstellungen und Visionen seines Chefs. Die verrückte Idee steht nicht in seinem Strategiepapier. So geheim ist sie, aber auch so utopisch, daß Born befürchten muß, der Vorstand der *Vulkan AG* halte ihn für einen Spinner. Aus seiner Studentenzeit, als St. Petersburg noch Leningrad hieß, wußte Born, daß die Sowjets an einem Schiff der Zukunft bauten. Ein Zwitter, der in den achtziger Jahren die amerikanischen Geheimdienste aufschreckte. Als »kaspisches Monster« bezeichnete die CIA das von Spionagesatelliten aufgespürte Objekt. Beflügelt mit Spannweiten von 60 Metern donnerten dickbäuchige Rümpfe wenige Meter über dem russischen Binnenmeer von Hafen zu Hafen. Wie der fliegende Holländer des russischen Zaren Peter I., nur etwas schneller. Eine Art Luftkissenboot mit Geschwindigkeiten von mehr als 400 Kilometern in der Stunde.

Während die amerikanischen Militärstrategen eine neue Bedrohung über die Ozeane auf sich zukommen sahen, interessierte die deutschen Behörden eher die Frage, wie das Objekt verwaltungsrechtlich einzuordnen sei: Gelten für das Monster internationale Flugsicherungsregeln oder nationale Schiffahrtsgesetze? Entscheidende Fragen auch für den *Vulkan.* Denn der beschäftigt sich bislang mehr mit Schiffen als mit Flugzeugen. Anfang 1993 gelingt es dem Ostexperten Born die Skepsis des Vorstandes zu überwinden und sein russisches Traumschiff namens »Exranoplan« über die Ostsee rasen zu lassen – im Simulator des Hamburger Institutes für Meeresforschung. Aus Nischginovgorot ist ein russisches Forscherteam des früheren sowjetischen Militär Institutes angereist. Der deutsche Experte für Bodeneffekt-Technologie, Professor Jens Frösc, bestätigt die Machbarkeit eines solchen Zwitters.

Das Phänomen des Bodeneffektes ist bereits in den dreißiger Jahren entdeckt und technisch erprobt worden, Vorbild waren die Zugvögel, die bei Annäherung ihrer Flügel an die Erdoberfläche ihren Antrieb steigern, gleichzeitig den Luftwiderstand vermindern und somit Energie sparen. Nach dem Krieg entwickelten die deutschen Flugzeugpioniere Anton Lippisch und Hanno Fischer im Auftrag des Bundesverteidigungsministeriums sogenannte Bodeneffektgeräte, freiflugfähige Stauflügelboote. Die Versuchsträger »X 113« und »X 114« des Mönchengladbacher Unternehmens *Rhein Flugzeugbau* allerdings wurden wegen der zu aufwendigen Technik eingemottet.

In der Sowjetunion dagegen arbeiteten die Ingenieure

weiter an der für die Schiffahrt revolutionären Technik. Ziel dabei war es, zwischen dem langsamen, aber kostengünstigen Schiffs- und dem schnellen, aber teuren Luftverkehr ein preiswertes und wirtschaftliches Transportmittel zu entwickeln. Die sowjetischen Militärs planten interkontinentale Raketenträger, die in Meereshöhe mit nuklearen Sprengköpfen von Europa aus den Atlantik in Richtung New York überqueren sollten. Die 400 Tonnen schweren »kaspischen Monster«, größer als ein Jumbo, haben das russische Binnenmeer allerdings nicht verlassen – bis die *Vulkan Verbund AG* kam und ein Kooperationsabkommen mit dem maritimen Institut in Nischginovgorot schloß. Das Bundesforschungsministerium in Bonn wollte eine Machbarkeitsstudie mit Zuschüssen in Millionenhöhe unterstützen. Doch bevor das Geheimprojekt starten konnte, stürzte die *Vulkan Verbund AG* ab.

Heute fliegt »Ekranoplan« weiter bei dem Mönchengladbacher Flugingenieur Fischer. Ziel des 75jährigen, der anstelle des *Vulkan* in den Genuß der Fördergelder in Millionenhöhe kam, ist der Bau eines 80sitzigen Howerwing-Transporters, der mit einer Reisegeschwindigkeit von 180 km/h und 800 Kilometer Reichweite auf der Ostsee eingesetzt werden soll. »In Deutschland«, so bedauert der Flugzeugpionier, »gibt es seit dem Untergang des *Vulkan* keine Visionäre mehr.«

1993 sah die Welt noch anders aus. Da entsteht von Bremen aus ein nordosteuropäischer Schiffstechnologieverbund, der allen traditionellen Werften das Wasser abzugraben droht.

Am Ziel der Träume kommen Wolken auf

Friedrich Hennemann scheint vor der Vollendung seines Werkes zu stehen, das er 1987 bei seinem Eintritt in die *Vulkan Verbund AG* offiziell in drei Phasen eingeteilt hat. Nun soll die letzte Phase eingeläutet werden: Nach der Konsolidierung die Zeit der Dividenden.

Man strebt die Dominanz der maritimen Ostmärkte an, kauft sich in Kiew die größte Reederei der Welt zusammen, plant die weltgrößte Tanker-Werft am Schwarzen Meer, schickt sich an, in St. Petersburg der Betreuer der weltgrößten Fischfangflotte zu werden, steigt mit Hilfe von russischen Ingenieuren in die Planung des Schiffs der Zukunft ein und entwirft, um die größten Fähren und Luxusliner bauen zu können, auf dem Reißbrett die größte Hallenwerft der Welt, computergesteuert und mit Millionen von der EU finanziert. Nebenbei ist das Baumonopol im U-Boot-Bau zum Greifen nahe, und aus Taiwan winkt ein milliardenschwerer Rüstungsauftrag.

Dennoch: Das Jahr 1993 beginnt schlecht. Eine Woche vor einer für die Schiffbauer besonders wichtigen, ja existentiellen Sitzung des Bundessicherheitsrates muß Bundeswirtschaftsminister Jürgen W. Möllemann seinen Stuhl im Kabinett räumen, wegen allzu brüderlicher Hilfe im Zusammenhang mit der Erfindung und Einführung eines lächerlichen Chips für Einkaufswagen in Supermärkten.

Möllemanns Rücktritt hat Folgen für den *Vulkan* Verbund. Hennemanns Idee, U-Boote aus einer Hand auf dem Weltmarkt anzubieten, läßt sich vorerst nicht realisieren. Die Verhandlungen um das geplante Tauschgeschäft

Bremer Hütte gegen *Emdener Werft* sind festgefahren, das Taiwan-Geschäft geplatzt. Zu allem hakt es bei der Privatisierung der Stadtwerke Bremen. Der Senat zögert. Erfahrene Betreiber von Stadtwerken wie *RWE* oder *Preussag* warnen vor Fremdeinsteigern, freilich nicht ganz uneigennützig, auch sie sind an den Millionen interessiert, die Hennemann glaubt, hier verdienen zu können. Schließlich lehnen die Stadtväter ab.

Den einzigen nennenswerten Gewinn in dieser Zeit erzielt Hennemann mit dem Kauf der Werkzeugmaschinenfirma *Schieß*. Das Unternehmen bringt noch 200 Millionen Mark mit, damit der *Vulkan* bei seinem Übernahmeangebot bleibt.

Dann kommt die Hiobsbotschaft aus dem Südosten Europas. Bei *Blasco* habe die russische Mafia die Finger im Spiel. Es bestehe der Verdacht der Geldwäsche, außerdem soll bei der Privatisierung der Reederei Bestechung die Wege gelenkt und geebnet haben. Kudjukin wurde verhaftet, Krawtschuk entmachtet, der neue Staatschef heißt Kutschmar, ist ein Freund der Russen und betreibt eine Politik der Wiederannäherung. Der Traum von der Tankerflotte ist ausgeträumt – Krutschmar vertraut den russischen Pipelines. *Blasco* hat den *Vulkan* bislang nur Geld gekostet; der Luxusliner »Ukraine«, das erste und einzige Blasco-Schiff, das von den Bremern instand gesetzt und modernisiert werden sollte, reißt ein Millionenloch in die Kassen der Werft.

Hinzu kommen die politischen Veränderungen im Ostblock, die schwerwiegende Auswirkungen auf die gesamteuropäische Wirtschaft haben. Der Zusammenbruch des Sowjetreichs läßt vor allem im Maritimbereich den nahezu kompletten osteuropäischen Markt wegbrechen. Die Kräne der als größte Reparaturwerkstatt der Ostsee geplanten *Neptun-Werft* in Rostock stehen still.

Am härtesten aber trifft den expansionswütigen Hennemann das schleppende Genehmigungsverfahren der EU im Hinblick auf eine rasche Übernahme der Ostwerften.

Die für Ende 1994 vorgesehene Inbetriebnahme des neuen, computergesteuerten Docks in Wismar muß auf unbestimmte Zeit verschoben werden. Die Pläne haben auf nationaler und internationaler Ebene zu Protesten und Einsprüchen in Bonn wie in Brüssel geführt. Auch die Papenburger *Meyer-Werft* ist beim Kanzler und beim EU-Kommissar vorstellig geworden; schließlich waren die eigenen Pläne für eine »Osterweiterung« erst unlängst am Widerstand der Dänen in der EU gescheitert. Wo lagen die Gründe für eine Begünstigung der *Vulkan Verbund AG*?

Asgar Petersen, der zuständige Direktor beim Wettbewerbs-Kommissar Karel van Miert, setzt alle Hebel in Bewegung, um die Modernisierung der *MTW*-Werft in Wismar zu verhindern. Zunächst, indem man die geplante Verlegung des Standortes um 1000 Meter nicht genehmigt. Angeblich würden die Deutschen damit die Kapazitäten ausweiten. Was ganz offensichtlich ein Scheinargument ist, denn die Kapazitäten sind standortunabhängig auf 100 000 Tonnen festgeschrieben. Auch Dänemark droht eine Klage vor dem europäischen Gerichtshof gegen das Erweiterungsprojekt. Der *Vulkan* muß neu planen. Hennemann tobt. Er habe, so erzählt Hendrik Born, selten erlebt, wie drei Buchstaben – *MTW* – einen Mann so in Rage bringen können.

Dann schließlich, zu Christi Himmelfahrt 1994, schwebt der Präsident der EU, Jacques Delors, persönlich mit dem

Hubschrauber in Wismar ein und überbringt die Baugenehmigung für eine abgespeckte Version des Trockendocks. Statt 425 Meter wird die Halle nur noch eine Länge von 395 Metern haben. Auf dem Haffeld allerdings, dem ehemaligen russischen Schießplatz gegenüber der alten Werft, darf sie definitiv nicht gebaut werden. Also wurden Millionen in das sumpfige Gelände der *MTW*-Werft gesteckt, um das Riesenprojekt zu realisieren. Am 15. November 1994 ist Spatenstich – ein Datum von ungeahnter symbolischer Dimension: Es ist Bangemanns Geburtstag und wird – ein Jahr später – Hennemanns letzter Arbeitstag bei der *Vulkan Verbund AG* sein.

Die Produktion wird in Wismar mit vierjähriger Verzögerung gegenüber den Ursprungsplänen aufgenommen werden. Zusatzkosten: rund eine Milliarde Mark.

Nichts sehen, nicht rechnen, nichts ändern

Auch der Westen war nicht so golden wie Hennemanns PR-Abteilung glauben machen wollte. Zwischen Darstellung und Wirklichkeit lagen Verluste in Höhe von annähernd einer halben Milliarde Mark. Der Geschäftsbericht des Jahres 1993 klingt angesichts dessen schon deutlich verhaltener: Der unter äußerst schwierigen Rahmenbedingungen erzielte Auftragsbestand reiche nicht aus, um alle Schiffsneubau-Betriebe auszulasten. Auf der Bauliste des Bremer *Vulkan* in Vegesack stünden außer zwei Tendern für die Bundesmarine nur zwei Containerschiffe.

Der Strukturpolitiker Hennemann ist gefragt. Er setzt auf Wettbewerbshilfen der Bundesregierung. Doch die bleiben aus. Hennemann drängt und wird wiederholt beim Bundeskanzler vorstellig. Er verweist auf asiatische Wettbewerbsvorteile, seitdem die Japaner und Koreaner ihre Werften massiv durch Subventionen stützen. Anfang Februar reist Helmut Kohl nach Tokio. Hennemann soll mit.

Doch weder eine abgestimmte Subventionspolitik in Europa noch das seit langem erwartete OECD-Abkommen über Beihilfen werden ausreichen, um die *Vulkan Verbund AG* aus der Verlustzone zu ziehen. Der Strukturpolitiker und Pfadfinder im Subventions- und Finanzierungsdschungel Hennemann muß sich neue Geldtöpfe suchen. Noch kann er dies in aller Ruhe tun.

Die Rücklagen für Krisenzeiten sind noch nicht aufgebraucht. Die mehr als zwei Milliarden frischen Gelder aus *Treuhand*-Kassen für die Ostwerften beginnen zu fließen. Und der Vorhang des Schweigens hängt tief vor der Bühne des *Vulkan.*

Operative Verluste in dreistelliger Millionenhöhe jcdoch lassen sich in einer Bilanz nicht verstecken. Wer aufmerksam liest, erkennt sie bereits an den Zwischensummen der Bilanz. 1993 zum Beispiel, weist die Bilanz der *Vulkan Verbund AG* dort rund 500 Millionen Mark Miese aus. Mit Ausnahme des Bereichs Elektronik sind die Betriebsergebnisse sämtlicher anderen Bereiche negativ. Dem Vorstand und den von ihm bestellten Prüfern aber gelingt es immer wieder, die Bilanzen unangemessen positiv darzustellen, wie die Hamburger Wirtschaftsprüfer von *Susat und Partner* nach der Pleite feststellen werden:

»Zwar entsprachen die Konzernabschlüsse noch dem derzeitigen Stand der handelsrechtlichen Bilanzierungs- und Bewertungsvorschriften und der Auslegung der Grundsätze ordnungsmäßiger Buchführung, obwohl die

Ermessensspielräume doch eindeutig jeweils bis an die Obergrenzen ausgenutzt wurden.« Die Hamburger Wirtschaftsprüfer sind deshalb der Meinung, daß seitens des Vorstandes der Grundsatz von Wahrheit und Klarheit bei der Berichterstattung hinsichtlich der Ertragslage verletzt wurde. Denn: Die Kapitalgesellschaft darf nicht gegen ihr subjektiv vorhandenes Wissen beziehungsweise gegen ein objektives, das heißt ein im Umfang als angemessen geltendes Wissen berichten. Im Zweifelsfall müssen die Interessen der Geschäftsführer zurücktreten.

Wie aber gelingt es Hennemann und Co., den Aufsichtsrat, die Banker, die Wirtschaftsprüfer und die *Treuhand* mit geschönten Zahlen derart zu blenden, daß sie alle das wahre Gesicht des *Vulkan* nicht erkennen? Noch im Dezember 1995 meldet die *Treuhand* dem Bundeskanzler: Alles in Ordnung beim *Vulkan*. Sechs Wochen später wird in Bremen Antrag auf Vergleich gestellt. Wie konnte das sein, angesichts dessen, daß man bereits Ende 1993 bei der *Treuhand* Verdacht geschöpft und ein Controlling veranlaßt hatte, das in seinen Berichten unmißverständlich auf die riskante Situation der *Vulkan Verbund AG* hingewiesen hat: »Der Ertrag des *Vulkan* Verbundes – er wurde 1992 mit 89 Millionen ausgewiesen – ist in Relation zum Geschäftsvolumen viel zu gering«, so vermerken die Prüfer in einem Schreiben vom 10. Februar 1994. »Die kritisch zu beurteilende Ertragslage kann bei weiter ungünstiger Entwicklung zu einem Risiko für die sachgerechte Verwendung der hohen Liquidität werden, die von der THA [*Treuhand*-Anstalt, Anm. der Verfasser] für Investitionen und Umstrukturierungsmaßnahmen bereitgestellt worden ist. Die Liquidität könnte nicht ausreichend schnell für diese Aufgabe eingesetzt werden und dadurch zumindest teilweise der schlechten Ertragslage zum Opfer fallen.«

Etwa zur selben Zeit, am 17. Februar 1994, machen die Finanzplaner des *Vulkan* den Vorstand im Rahmen seiner mittelfristigen Liquiditätsplanung (MLP) erstmals darauf aufmerksam, daß die Liquidität des Verbundes bis Ende des Planungshorizontes IV 94 nur bei ausreichender Verfügbarkeit von Ost-Liquidität gesichert sei.

Zwei Monate später gibt der *Vulkan* auf seiner Bilanz-Pressekonferenz 1994 einen Verlust von 190 Millionen Mark bekannt und liefert die Begründung gleich mit: Korrekturen des Engagements bei der *Senator Line* seien dafür verantwortlich.

Tatsächlich erweist sich die *Senator Line* als Faß ohne Boden. Millionen versinken in der Reederei, die von Kennern in Bremen Schiffs-Auffang-Gesellschaft genannt wird: Der *Vulkan* verkauft seine Containerschiffe einschließlich einer Charter-Garantie. Die übernimmt die hauseigene Reederei. Und wenn sich ein Schiff nicht verkaufen läßt, fährt es unter der *Senator*-Flagge. Die Folge: Verluste von annähernd 100 Millionen Mark allein im Jahr 1993.

Doch noch beherrschen die Vulkanesen das Instrument der Bilanzgestaltung. »Rückstellungen für Risiken bei Neuerwerbungen« heißt das Zauberwort. Hennemann kann aus dem Vollen schöpfen, zumal sich die Rückstellungen in den Jahren 1991 bis 1994 von 1,2 Milliarden durch die Rückstellungen Ost aus den Kassen der *Treuhand* fast verdoppelt haben. Diese Milliarden fließen in die Konzernabschlüsse. 1994 indes waren nur noch 351 Millionen von dem Batzen übrig.

Wohin die Gelder fließen. Das System des Central Cash Management

Eine Lösung sucht Friedrich Hennemann in einer neuerlichen Fusion, dieses Mal mit dem Rostocker Unternehmen *DSR* – auch dies ein Unternehmen, für das die *Treuhand* seit längerem vergeblich nach einer Lösung sucht. Durch Rationalisierungsmaßnahmen könnten die Verluste der *Senator Line* in den kommenden Jahren halbiert werden. Doch ein Zusammenschluß erfordert zunächst die Entschuldung der Bremer Reederei. Außerdem muß das Kapital für den Erwerb der *DSR*-Anteile aufgebracht werden. Doch seit die *Treuhand*-Mittel für die Ostwerften fließen, muß Hennemann sich nicht darüber den Kopf zerbrechen. Außerdem existiert konzernintern seit 1993 das automatische Central Cash Management System, Basis für die künftige »Cash Concentration«. Anhand monatlicher Berichte sind die Geldflüsse exakt nachvollziehbar. Vorstandsmitglieder und Wirtschaftsprüfer hatten einen genauen Überblick, ebenso die *Commerzbank,* die das Central Cash Management verwaltete. Für die Kontoführer der Hausbank war jederzeit ersichtlich, daß besonders im auftragsschwachen Jahr 1993 die Millionen nicht allein von externen Kunden überwiesen wurden, sondern zu einem erheblichen Anteil von den Konzerntöchtern aus dem Osten. Die Einnahmen aus dem Schiffbau hätten bei weitem nicht gereicht, den Bedarf der Tochtergesellschaften im Westen zu decken. Die *Senator Line* erhielt aus den Kassen der Muttergesellschaft im Jahr 1993 eine Liquiditätshilfe von 75 Millionen Mark. Die Maschinenbauer von *Dörries Scharmann* wurden mit 23 Millionen unterstützt. Bei der frisch erworbenen *Schieß AG* ist eine Kapitalerhöhung mit

38,5 Millionen verbucht. Ein Jahr später erhalten die beiden Maschinenbaufirmen Liquiditätsbeihilfe aus dem Central Cash Management (CC) in Höhe von 140 Millionen Mark. Der andere große Anteil von insgesamt 536 Millionen im CC wird für das Fusionsgeschäft der *Senator Line* mit der *DSR* benötigt.

Auf wen die Einführung des CC letztlich zurückgeht, läßt sich nicht mehr genau feststellen. Im übrigen ist ein solches System keine Erfindung des Bremer *Vulkan*, sondern ein durchaus übliches Instrument im Finanzressort großer Konzerne Die betriebswirtschaftlichen Argumente und Ziele für eine zentrale Geldverwaltung liegen auf der Hand: Verminderung der Bankverbindlichkeiten, Verbesserung der Zinsergebnisse durch günstigere Soll- und Haben-Zinsen, höhere Flexibilität in der Bereitstellung von Betriebsmitteln und Krediten.

In der Diskussion um das CC beim *Vulkan* wurde vor allem die *Treuhand*-Anstalt kritisiert, sie habe nicht auf Sicherheiten und Bürgschaften für die ausgeliehenen Gelder gepocht. Doch ist es im allgemeinen nicht üblich, daß die Muttergesellschaften ihren Töchterunternehmen für deren Einlagen Sicherheiten wie Grundschulden oder Forderungsabtretungen gewähren. Dies geschieht in der Regel nur gegenüber externen Kreditgebern. Im übrigen hätten sie im Konkursfall herzlich wenig von den Sicherheiten gehabt. Bei der Würdigung des Central Cash Managements des *Vulkan* Verbundes allerdings müßte mit in Betracht gezogen werden, daß in größerem Umfang öffentliche Mittel mit Auflagen der EU in die zentrale Kasse geflossen sind. Zwar untersagen weder nationale Vorschriften noch die Privatisierungs-Verträge eine konzerninterne Zahlstelle. Die europäische Kommission jedoch hat von der Bundesregierung ausdrücklich verlangt, darauf zu achten, daß erstens keine Westwerften begünstigt werden und zweitens, daß die Mittel jederzeit den Ostwerften zur Verfügung stehen müßten. Insoweit durften die Gelder auf den Konten des CC nur solange ausgeliehen werden, wie die Bremer *Vulkan Verbund AG* nach seiner wirtschaftlichen Lage fähig war, diese jederzeit zurückzahlen zu können.

Das Central Cash Management der Bremer *Vulkan Verbund AG* wurde 1993 eingerichtet. Insgesamt 43 Verbundunternehmen traten ihm bei. Nennenswerte Beträge allerdings wurden nur von vier Unternehmen eingezahlt: der *MTW-Werft* in Wismar, der *Volkswerft* in Stralsund, von der *STN Atlas Elektronik* und der *Flender Werft*. Während zu Beginn die Festgelder aufgrund von Einzelvereinbarungen mit dem automatischen Cash Management System kontrahiert wurden, schlossen die Ostwerften Ende 1994 regelrechte Verträge über konzerninterne Finanzierungen und Geldanlagen mit der Muttergesellschaft *Vulkan-Verbund AG*. Geführt wurde das Central Cash Management von der *Commerzbank*. Jedes Mitglieder des Verbundes unterhielt ein individuelles CC-Konto. Von diesen Konten aus erfolgte täglich ein Saldenausgleich mit dem Zielkonto des *Vulkan* Verbundes. Die Vorstände erhielten monatlich Buchungsbelege über die Kontenbewegungen. Liquiditätsüberschüsse flossen automatisch auf dieses Konto. Der *Vulkan* disponierte die Gelder und sorgte für die tägliche Verzinsung, im Jahr 1994 sechs Prozent Zinsen.

Die vereinbarte Laufzeit betrug maximal ein Jahr. Nach Ablauf wurden die ausgeliehenen Gelder entweder neu angelegt, erhöht oder ausgezahlt. Letzteres in den wenigsten Fällen.

Obwohl die beiden großen Ostwerften im Jahr 1993 zeitweise bis zu 405 Millionen Mark auf das Zentralkonto überwiesen hatten, wurden die Verträge mit *MTW* und *VWS* erst im November und Dezember 1994 mit dem *Vulkan* Verbund geschlossen. Die Parteien vereinbarten darin einen ständigen gegenseitigen Liquiditätsausgleich: »Sämtliche frei verfügbaren Mittel werden ausschließlich bei der sogenannten Treasury des *Vulkan* angelegt, Betriebsmittelkredite nur bei der Treasury aufgenommen«, heißt es in der Präambel.

Dem Verbund blieb es vorbehalten, mit seinen konzernzugehörigen Unternehmen einen Beitritt zu diesem Vertrag zu vereinbaren. Neben der Reduzierung des Obligos bei den Banken wurde unter anderem eine Verringerung des Aufwandes für Bewilligung von Krediten, Abrechnungen und Dokumentation als Ziel genannt. Die Verbundunternehmen verpflichteten sich im Gegenzug, Guthaben bei anderen Banken möglichst ohne Verluste auf das CC-Konto zu übertragen.

Alle nicht gebundenen Finanzmittel der Tochterunternehmen wurden automatisch auf das CC überschrieben. Anstelle von Betriebsmittelkrediten bei Banken räumte die *Vulkan Treasury* den Töchtern nach Maßgaben der mit dem Verbund abgestimmten Finanzplanung einen Kreditrahmen ein, der über das CC-Konto in Anspruch genommen werden konnte – wovon vor allem die Bremer Werften üppig Gebrauch gemacht haben.

»Der Kreditrahmen kann jederzeit dem tatsächlichen Bedarf angepaßt werden«, heißt es weiter in dem Vertrag. »Der jeweils gültige Rahmen wird den Verbundunternehmen von der Treasury schriftlich mitgeteilt. Überziehungen sind nur zulässig, wenn Zeitraum und Höhe vorher ausdrücklich von der *Vulkan Treasury* genehmigt wurden. Sowohl die Treasury als auch die Verbundunternehmen haben selbständig auf die Einhaltung ihrer jeweiligen Kompetenzregelungen zu achten. Die Ausnutzung der Liquidität ist nur als Betriebsmittelfinanzierung zulässig.«

Knallharte Bedingungen. Das wäre ein Vorbild für die *Treuhand* gewesen, als sie die Privatisierungsverträge mit Hennemann abschlossen. Da der *Vulkan* mit seinen Tochtergesellschaften vereinbart hatte, keine Sicherheiten untereinander zu stellen, mußten sie diese, im Fall, daß Banken Sicherheitsleistungen haben wollten, selbst stellen.

Freilich, Hennemann mußte, bis es zur Unterzeichnung dieser Knebelverträge kam, noch so manches Überzeugungsgespräch mit den Kollegen im Osten führen. Aus den Protokollen ist die Überheblichkeit der Westmanager gegenüber den Kollegen im Osten unmißverständlich: »Die *MTW*-Werft in Wismar ist zum 15. Dezember 1993 in den Kreis der am CC teilnehmenden Verbundunternehmen aufzunehmen.«

Doch die Ostmanager ließen sich nach vierzig Jahren Befehlswirtschaft nicht so einfach kommandieren und zögerten, die Verträge zu unterschreiben. Am 29. August 1994 fand in Wismar im Beisein von *Treuhand*-Präsidentin Birgit Breuel ein Gespräch mit dem *Vulkan*-Vorstand statt, an dem außerdem auch der Wirtschaftsminister von Mecklenburg-Vorpommern, Michael Lehment, teilnahm. Lehment äußerte starke Vorbehalte gegenüber den vom *Vulkan* diktierten Konditionen und kritisierte die Forderung, wonach die Ostwerften ihr frei verfügbares Geld in die Bremer Zentrale zu überweisen hätten. Die Präsidentin der *Treuhand* jedoch hatte keine Bedenken und erhob keine Einwände gegen den Beitritt der *MTW* zum Central Cash Management, so das Protokoll des Treffens.

Am 8. Dezember 1994 wurde die Geschäftsführung der *MTW* von der Bremer Zentrale ultimativ aufgefordert, den Vertrag über konzerninterne Finanzierungen und Geldanlagen zu unterschreiben. Werften-Chef Müller schaltete seine Anwälte ein. Deren Vorschlag, der *Vulkan* solle eine gesamtschuldnerische Haftung übernehmen und schriftlich garantieren, daß die Gelder jederzeit verfügbar seien, erfüllten die Bremer nur teilweise. Friedrich Hennemann wählte das unverbindlichere Versprechen: Verfügbarkeit konnte er zusagen, eine Haftung hätte von dem Notar beglaubigt werden müssen.

Die Geschäftsführung der Werft in Wismar zögerte noch immer und bat den Aufsichtsrat um einen Beschluß. Der stimmte für den Beitritt des Unternehmens ins CC. Klar: Mit dem Vorsitzenden des Kontrollgremiums Günter Schmidt aus der Bremer *Vulkan*-Zentrale bestimmte ein Wessi die Richtung, in die man zu marschieren hatte.

Auch die *Volkswerft* in Stralsund wurde mehr aufgefordert als eingeladen, dem Central Cash Management beizutreten. Als das Thema am 29. Juni 1994 im Rahmen einer Aufsichtsratssitzung diskutiert wurde und der Ostkollege Uldall die Liquiditätsfrage der *Vulkan Verbund AG* stellte, wurde ihm eine Antwort verweigert. Das Vorstandsmitglied des *Vulkan,* Josef Klar, als Abgesandter der Muttergesellschaft im Aufsichtsrat der *Volkswerft*, erklärte lakonisch: Eine Erörterung dieser Frage sei in diesem Kontrollorgan nicht notwendig. Statt dessen folgte auch hier ein Ultimatum: Die *Volkswerft* hatte als Tochtergesellschaft dem CC durch Unterzeichnung der Verträge bis spätestens zum 20. Dezember 1994 um 9 Uhr beizutreten.

Die Hauptfließrichtung im Central Cash Management der *Vulkan-Verbund AG* verlief von Ost nach West und nicht umgekehrt. Es begann mit 30 Millionen Mark Festgeld im Juni 1993, Einzahler die *MTW-Werft* in Wismar. Im Oktober ist der Betrag auf 395 Millionen angestiegen, bis zum Jahresende reduzierte er sich auf 199,9 Millionen Mark. Bis Mai 1994 klettert der Festgeldbestand auf 330 Millionen, erstmals ist dann auch die *Volkswerft* mit einem dreistelligen Betrag dabei: 234 Millionen. Im November erreichen Festgeld und Tagesgeld mit 912 Millionen Mark den Höchststand in diesem Jahr. 1995 schwanken die Einzahlungen zwischen 700 und 900 Millionen Mark.

Schon die ersten 30 Millionen Mark hatten den damaligen Aufsichtsratsvorsitzenden Wilhelm Scheider und das Vorstandsmitglied Manfred Timmermann Anlaß zu vehementen Protesten, schließlich zur Aufgabe ihrer Posten gegeben. Lange bevor Timmermann die *Treuhand*-Präsidentin über die Machenschaften bei der *Vulkan AG* unterrichtet hatte, war Scheider bei den Treuhändern vorstellig geworden. Zu Konsequenzen allerdings glaubte man in Berlin keinen Anlaß zu haben.

Mit dem Abtritt von Scheider und Timmermann war gleichsam die Opposition im Unternehmen eliminiert, so zumindest glaubte Hennemann und gab grünes Licht für den Finanzplan des neuen Finanzchefs der Bremer *Vulkan*, Anton Schneider.

Obwohl die Genehmigungen der europäischen Kommission für die Subventionen auf sich warten lassen, fließen die Nebeneinkünfte der *Vulkan Verbund AG*. Hennemanns genialer Schachzug, den Treuhändern die Milliardensubvention vorab in Form eines Darlehens aus der Tasche zu ziehen und somit in den Genuß von Millionen an Zinsen zu gelangen, zahlt sich aus. Doch die Ostwerften sind nicht nur gut für *Treuhand*-Gelder. Die Bremer kommen auf noch unglaublichere Ideen, um die Töchter im Osten zu schröpfen. Genauso, wie sie es verstehen, Milliarden zwischen Ost und West hin und her zu schieben, genau so machen sie es mit Aufträgen, profitieren an Stelle der Ostwerften von Subventionen und kassieren Millionen an Lizenzgebühren.

Zum Beispiel hatten die *Vulkan*-Töchter in Mecklenburg-Vorpommern, schon zu DDR-Zeiten weltweit anerkannte Experten im Containerschiffbau, von der chinesischen Staatsreederei *Cosco* den Auftrag für zwei Schiffe erhalten. Lukrativ an diesem Auftrag war eine millionenschwere Beihilfe von der Kreditanstalt für Wiederaufbau in Frankfurt am Main. Die riesigen Containerschiffe sollten in Sektionen auf den einzelnen Werften gefertigt und anschließend zusammengebaut werden. Das komplizierte und angeblich teure Verfahren, aber auch die Subventionen aus Frankfurt brachten die Vulkanesen auf die Idee, die Schiffe am Stück an der Weser zu bauen, um Kosten zu sparen. Sie überzeugten die Ossis in Wismar davon, daß eine preiswertere Produktion letztlich dem Verbund zugute komme. Zum Ausgleich bot man einen Auftrag der *Vulkan*-Werft an über den Bau von zwei Frachtern vom Typ BV 3000. Die Baupläne sollte die Tochtergesellschaft *MTW* nur für 40 Millionen Mark erhalten. System Melkkuh: Für 14 Ordner mit Gebrauchsanweisungen für die Herstellung von Yoghurt Marke Landliebe kassierte das Stuttgarter Molkereiunternehmen *Südmilch* von der *Sachsenmilch* in Dresden 37 Millionen Mark. »Know-how-Transfer« nannten sie diese Abzockermanier und mußten sich dafür vor Gericht verantworten. Bei der *Vulkan Ver-*

bund AG war man noch dreister und kassierte von den konzerneigenen Werften Ost 135 Millionen Mark für Dienstleistungen aller Art.

Bezüglich der berechneten Bauplanlizenzgebühren beziffert der von der *Treuhand* beauftragte Gutachter Fritz Sandmann den Wert auf höchstens 1,5% vom Schiffswert. Bei einem Baupreis von jeweils 100 Millionen Mark hätte der *Vulkan* demzufolge nicht mehr als drei Millionen Mark für die beiden Containerschiffe verlangen dürfen.

Noch pfiffiger wollte Hennemanns Finanzchef Anton Schneider, genannt »der rote Anton« und einer der Väter des Central Cash Managements, sein. Sein Bestreben war es, die Bankverbindlichkeiten drastisch zu reduzieren, um sich möglichst unabhängig von den Geldinstituten zu machen. Nachdem die diversen Quellen so ertragreich sprudelten, glaubte Schneider es sich leisten zu können, Kredite in Höhe von 300 Millionen Mark auf einen Schlag zurückzuzahlen und gleichzeitig die Kreditlinie entsprechend zu senken. Der erste Schritt fand noch die volle Zustimmung des Vorstands. Den zweiten bemerkte niemand, nicht einmal Hennemann. Was gleichzeitig der Todesstoß sein sollte für den *Vulkan* Verbund.

Im harten Kampf um Liquidität braucht ein Konzern von dieser Größe einen millionenbreiten Handlungsspielraum, den er sich je nach Größe und Bedarf in Form einer Kreditlinie bei den Banken für etwa ein halbes Prozent des eingeräumten Rahmens kauft – vergleichbar dem Überziehungskredit eines Privatkunden, mit dem Unterschied, daß der nur bezahlen muß, wenn er ihn in Anspruch nimmt. Schneider wollte die vergleichsweise geringfügigen hunderttausend Mark für die Überziehungsmarge auch noch sparen. Als der *Vulkan* dann kurzfristig genau die Summe brauchte, die der Finanzchef stornieren ließ, läutete die Diskussion um die Liquidität des Konzerns die letzten Stunden des *Vulkan* ein.

Gestatten, Schneider, Finanzgenie in schlechten Zeiten

Nicht minder fragwürdig war Schneiders Verhalten beim Kauf der *Schieß AG,* einem unmittelbar vor der Pleite stehenden Maschinenbauunternehmen. Überhaupt steht der Name des »roten Anton« so häufig in Verbindung mit konkursgefährdeten Firmen, daß hinter vorgehaltener Hand schon damals die Frage nach seinen wirklichen Interessen gestellt worden ist.

Anton Schneider ging als Österreicher in die Lehre des sozialdemokratischen Finanzministers in Wien. Seinen Meister hat er anschließend bei *Boston Consult* in Deutschland gemacht, einem internationalen Unternehmensberater. Marode Firmen wieder munter zu machen, kann, wie man weiß, ebenso im Interesse eines Klienten sein, wie die standesgemäße Beerdigung desselben. Schneider scheint seine Kunden in Deutschland insbesondere mit letzterem so beeindruckt zu haben, daß er Unternehmen auch noch zu einer Zeit von Finanzproblemen befreite, als er längst im Management von Konzernen mit Weltruf saß. So sorgte er sich mit Erfolg um *Dörries Scharmann* und *Schieß.*

Bei *Dörries Scharmann* war er Geschäftsführer und ließ sich beim *Vulkan* über einen Unternehmensberater als Weltfirma empfehlen, wissend, daß die Bremer im Zuge der Diversifizierung auf der Suche nach geeigneten Partnern waren. Der Unternehmensberater hieß *Boston Consult* und machte den Bremern den angeschlagenen Maschinenbauer so schmackhaft, daß sie das Mönchengladbacher Unternehmen unbesehen kauften und den »roten Anton« gleich mit.

Auf der Kommandobrücke des *Vulkan* Verbundes angelangt, überzeugte Schneider den Konzernchef Hennemann davon, daß er sich weltweit im Maschinenbau nur behaupten könne, sofern es ihm gelinge, den lästigen Konkurrenten *Schieß* vom Markt zu kaufen. Die *Schieß AG,* ein Unternehmen der *Metallgesellschaft*, hatte sich im Ostgeschäft vergaloppiert, steckte tief in den roten Zahlen und verdarb mit Billigangeboten die Preise im Wettbewerb. Schneider gelang der Coup und machte sich gleich bei zwei Häusern beliebt. Den Vorstand des *Vulkan* erfreute er, weil man für die Neuerwerbungen, anstatt etwas zu zahlen, sogar noch 200 Millionen Mark dazubekam; und die Vorstände der *Deutschen Bank*, Hauptaktionär der *Metallgesellschaft,* dankten es ihm, daß er sie endlich erlöst hatte von dem millionenverschlingenden Klotz am Bein.

Nachdem er es anschließend auch noch geschafft hat, mit seiner Kreditlinienreduzierung der *Vulkan Verbund AG* die für Krisenzeiten notwendigen Bankpolster zu nehmen, verabschiedet Schneider sich aus dem Unternehmen und nimmt in Köln Platz auf dem Chefsessel der *Deutz AG,* Hauptaktionär: die *Deutsche Bank*. Aus sicherer Distanz wird er vom Rhein aus den Untergang an der Weser mit verfolgen. Doch bis dahin vergeht noch mehr als ein Jahr.

Eine Kreuzfahrt ins Desaster – Das Costa-Projekt

Hennemann fühlte sich in den Jahren des Treuhandgeldsegens offenbar so stark, daß er glaubte, sich auch den Luxus leisten zu können, in den Markt der Kreuzfahrer einsteigen zu können. Eben erst war er mit dem Kanzler aus China zurückgekehrt, da bewies er neuerlich seine Entschlossenheit zu ungewöhnlicher Initiative. Einmal mehr wagte er mit der *Vulkan Verbund AG*, was andere für unmöglich hielten: den größten Luxusliner der Welt auf Kiel zu legen, und das gleich in zweifacher Ausfertigung.

Die Bremer versprachen der italienischen Reederei *Costa,* das 250 Meter lange, 74 000-Tonnen-Schiff innerhalb von 600 Bautagen fertigzustellen. Keine andere Werft in Europa war bereit gewesen, einen solchen Auftrag anzunehmen. Vergeblich hatte sich Nicola Costa seit längerem nach einem Partner umgesehen, der ihm für 600 Millionen Mark ein Kreuzfahrtschiff für 2200 Passagiere in dieser kurzen Zeit bauen würde. Friedrich Hennemann griff zu, wollte die Chance der fehlenden Konkurrenz nutzen, um in den Passagierschiffbau einzusteigen. – Es sollte ein Beitrag zum Untergang sein.

Ex-*Vulkan*-Vorstand Udo von Stebut behauptet, Friedrich Hennemann habe sehr wohl gewußt, daß er die Schiffe weit unter Preis zugesagt hatte. Sein italienischer Kollege im *Maritimen Forum*, Antonini, war zwar verärgert, daß eine deutsche Werft ihm eine italienische Reederei weggeschnappt hatte. Dennoch bot er dem Kollegen Hennemann eine Kooperation an, weil er wußte, daß ein Luxusliner von dieser Größenordnung vom *Vulkan* allein zu diesen Kosten nicht zu erstellen war. Friedrich Hennemann zeigte sich nicht einmal gesprächsbereit.

Am 31. Dezember 1993 unterschrieb der *Vulkan*-Chef das Vertragswerk, das so kompliziert war, wie das Bauwerk, um das es darin ging: In einem »Passenger Cruise Vessel Construction Contract« vereinbaren der Bremer *Vulkan* und die *Costa Cavaciere* den Bau zweier Passagier-Kreuzfahrtschiffe. In den sogenannten Additional Letters 1 bis 13 sind beiden Kontraktpartnern jeweils zeitlich befristete unbedingte Rücktrittsrechte eingeräumt. Im Brief Nr. 9 vom 9. Juni 1994 jedoch wird dieses Recht für Costa I aufgehoben. Der Bau des zweiten Schiffes wurde am 31. März 1995 verbindlich geregelt.

Was die *Meyer-Werft* in Papenburg unter einem Dach fertigt – hinten wird noch geschweißt, vorne kann schon geduscht werden – verteilte Friedrich Hennemann auf vier Tochterunternehmen, neben der Bremer *Vulkan*-Werft arbeiteten noch die *Schichau-Seebeck Werft*, *Lloyd* und *STN Atlas Elektronik* an dem Projekt. Verträge für Arbeitsgemeinschaften wurden geschlossen, ein Lenkungsausschuß gegründet und ein Objektmanagement gebildet. Im Lenkungsausschuß saß je ein Vorstandsmitglied; im Objektmanagement jeweils zwei Vertreter der Partner, mindestens im Rang eines leitenden Angestellten. Alles schien perfekt geregelt, vom Weisungsrecht bis zum Schlichtungsgremium. Nur die Instabilität der Lira ließ sich nicht beeinflussen. Aber auch mit der Kalkulation in harter DM haperte es. Die schwankte immerhin zwischen 620 und 652 Millionen Mark. Durch konsequente Nutzung von Verbundkompetenz und Synergieeffekten zwischen den verschiedenen Unternehmen sollten die wichtigen Phasen von Abstimmung und Informationsbeschaffung verkürzt, Fehlerquellen im Vorfeld ausgeschaltet werden. Eine einzelne Bauwerft mit nur einem Bauplatz, so behauptete man seitens des *Vulkan*, würde mindestens 32 Monate für den Bau eines Schiffes dieser Art benötigen. Bei vier Partnern mit zwei Bauplätzen, wie der *Vulkan* sie anbot, würden dagegen 28,5 Monate reichen. Der kleine Unterschied: Die *Meyer-Werft* in Papenburg baut auf seinem Bauplatz auch heute noch Luxusliner ...

Ein Schiff der Superlative sollte es werden, nicht nur im Preis. Hennemann schwärmte vor seinen Aktionären: »Die Costa, das größte jemals in Deutschland gebaute Kreuzfahrtschiff, repräsentiert eine zukunftsweisende Generation von Luxuslinern mit hohem Standard, ausgelegt für Reisen über alle Weltmeere. Wenn das technische Produkt Schiff zum Synonym für vollkommenen Luxus geworden ist, erst dann haben Konstruktionsleute, Schiffbauer und Reeder gute Arbeit geleistet.«

In der Tat entstand mit der »Costa Viktoria« ein Schiff der Superlative: Eine zentrale Empfangshalle erstreckt sich vom fünften bis zum elften Deck und wird mit einer Glaskuppel auf dem Lido Deck abgeschlossen. Vier Panorama-Aufzüge verbinden die Decks. Die Aussichtslounge gleicht einer italienischen Piazza. Was nicht an Land entsorgt wird, kommt in eine der beiden schiffseigenen Müllverbrennungsanlagen. Angetrieben wird die »Costa Viktoria« von zwei Elektromotoren. Der Strom dafür wird von einem Kraftwerk erzeugt, das andernorts eine Stadt mit 80 000 Einwohnern versorgen könnte. Am 1. September 1995 schwamm die »Costa Viktoria« im Baudock der Bremer *Vulkan*-Werft auf und wurde nach Bremerhaven verholt. Noch war Friedrich Hennemann an Bord.

Doch just am Tag, an dem die »Costa Viktoria« zur

ersten Probefahrt auslief, leitete der Konzern das Vergleichsverfahren mit späterem Anschlußkonkurs ein. – Eine Schwachstelle, die man bei der Reederei *Costa* zu nutzen verstand: Als es um den Bau des zweiten Luxusliners ging, begann man zu pokern wie im alten Rom. Allerdings hatte sich auch der Reeder Nicola Costa an dem 1,2 Milliarden Auftrag verhoben. Kurz bevor er in die Pleite steuerte, verkaufte er sein Unternehmen an eine norwegische Reederei. Für die *Vulkan Verbund AG* betragen die Verluste aus dem Auftrag zum Zeitpunkt des Vergleichsantrags bereits 235 Millionen Mark. Solche Millionenverluste machten die besten Finanzpläne der fähigsten Finanzjongleure zunichte.

»Die Konzeption halten wir für realisierbar.« Geschönte Zahlen – geblendete Prüfer

Allein für Auftragsverluste und Sozialpläne hatte die *Treuhand* den Werften in Mecklenburg-Vorpommern 815 Millionen Mark überwiesen. Eine enorme Summe, die – so sieht es Hennemann – die *Vulkan Verbund AG* über die Ost-Unternehmen erworben habe und folglich dafür eingesetzt werden können, die Ertragslage des *Vulkan* aufzubessern. »Nennen Sie mir einen Konzern in Deutschland«, so soll Hennemann 1994 im Bonner Wirtschaftsministerium geprahlt haben, »der über Eigenmittel von mehr als einer Milliarde Mark verfügt.« Bei näherem Hinsehen setzte sich die Summe in jenem Jahr zusammen aus 460 Millionen Mark *Treuhand*-Gelder für *MTW,* an die er nicht ran kam, da sie auf einem Festgeldkonto lagen, und von rund 500 Millionen Mark einer Kreditlinie, die er bei den Banken nicht voll ausgeschöpft hatte – und ihm überdies sein Kollege Anton Schneider im Rahmen des neuen Finanzkonzepts unbemerkt zusammenstrich.

Die *Vulkan Verbund AG* hatte mit dem Kauf der Ostwerften die Verpflichtung übernommen, die Betriebe zu modernisieren. Die Investitionen sollten über *Treuhand*-Gelder und über Eigenmittel finanziert werden, wobei die Privatisierungsverträge den Bremern die Möglichkeit offen ließen, erst die Beihilfen aufzubrauchen und dann in die eigene Kasse zu greifen. Dafür hatte der *Vulkan* eine Kreditaufnahme in Höhe von 900 Millionen Mark bei seiner Hausbank, der *Commerzbank*, vorgesehen. Die Kredite sollten durch die Beleihung von Grundvermögen, von *Atlas Elektronik* und dem Beleihung der bereits getätigten Investitionen bei den Ostwerften abgesichert werden.

Der Vorstand der *Commerzbank* Klaus Müller-Gebel, Mitglied des Aufsichtsrates der *Vulkan Verbund AG*, hatte dem Vorstand signalisiert, daß eine Liquidität in Höhe von 800 Millionen Mark geschöpft werden könne. Voraussetzung dafür waren allerdings Bürgschaften der Länder Bremen und Mecklenburg-Vorpommern. In Schwerin aber dachte man überhaupt nicht daran, für den großen Bruder im Westen zu bürgen. Nicht zuletzt deswegen sah sich Anton Schneider zu seinem abenteuerlichen Finanzplan veranlaßt.

Unter anderem sollten Sachanlagen verkauft und Schiffsbeteiligungen im Gesamtwert von insgesamt 400 Millionen Mark veräußert werden. Wie gewagt solche Kalkulationen sind, hatte der *Vulkan* schon zuvor erfahren müssen. Solche Schiffsbeteiligungen sind, wie bereits ausgeführt, meist aus der Not geboren. Wenn private Anteilseigner nicht genug Kapital aufbringen, um den Bau eines Schiffes zu finanzieren, beteiligen sich die Werften selbst an den Schiffen mit 10 bis 20% des Anschaffungspreises. Den teilweise erheblichen Wertverlust solcher Beteiligungen konnte der *Vulkan* schon Ende der achtziger Jahre feststellen. Damals besaß der Werftenverbund mehr als 30 solcher Schiffsbeteiligungen mit einem Nennwert von 300 Millionen Mark, doch sie waren so gut wie unverkäuflich.

Einzig aufgrund seiner Verbindungen zum Bremer Senat konnte Friedrich Hennemann Nutzen aus dem toten Kapital ziehen. Man akzeptierte die Beteiligungen als Sicherheiten für Kredite und Bürgschaften. Heute – nachdem die *Vulkan Verbund AG* Konkurs gegangen ist, sitzt Bremen auf den Beteiligungen, der Senat ist Schiffseigner, ohne mit seinen Schätzen etwas anfangen zu können.

Nicht weniger wackelig war der Posten *Dörries Scharmann* in Schneiders Rechnung. Für 25 Millionen Mark sollten Aktien eines Unternehmens verkauft werden, das kurz vor der Pleite stand. Ähnliches galt für die marode *Klöckner Stahlhütte,* die mit 84 Millionen angesetzt war. Die Werthaltigkeit solcher Zahlenspiele zeigt sich am Beispiel von Beteiligungen an den Firmen *Plath* und *Ladenbau Weimann*. 45 Millionen sollten die bringen; erzielt wurden 18 Millionen Mark.

Die Kapitalfreigaben waren derart optimistisch angesetzt, daß sie eher Wunschträumen glichen als realistischen, oder sagen wir, seriösen Kalkulationen. Einklagbar waren die avisierten Werte ebensowenig wie die geplanten Einsparungen in Höhe von 100 Millionen Mark im Unternehmen. Kostenbewußtes Verhalten sollte allemal beim Vorstand beginnen. Wie sehr es an diesem Bewußtsein auf den oberen Etagen der *Vulkan Verbund AG* mangelte, zeigt der Umzug vom Werftengelände in die Bremer Innenstadt. Die feine Adresse am Domhof unweit von Bürgermeister und Bischof ließ sich Hennemann 30 Millionen Mark kosten, Privataufgang für den Vorstandsvorsitzenden inklusive.

Gleichwohl, die Finanzplanung der *Vulkan Verbund AG* fand auch in Fachkreisen ein durchaus positives Echo: »Die Konzeption halten wir für realisierbar«, testierten die Konzernprüfer der *C&L Treuarbeit* 1994. Kein einziger Hinweis auf die Risiken dieses ehrgeizigen Zahlenwerks. Im Gegenteil, die Prüfer sahen keinerlei Kreditaufnahmebedarf, um den weiteren Finanzbedarf zu decken: »Wir gehen davon aus, daß für die Zeit bis Ende 1997 der erforderliche Liquiditätsbedarf als gesichert angesehen werden kann.«

Wie sich bereits ein Jahr später heraus stellte, mußte die Finanzplanung um 700 Millionen Mark korrigiert werden. Der verantwortliche Vorstand, der sich um mehr als eine halbe Milliarde verrechnet hatte, war längst von Bord gegangen – Anton Schneider, nach mir die Sintflut! Dabei hatten besonders die Banken sein Konzept so sehr gelobt. Manch einer sprach sogar von einem Finanzgenie. Gewiß – die Banken hatte Schneider davor bewahrt, sich mit einer zusätzlichen Milliarde beim *Vulkan* zu engagieren, außerdem hatte er die bestehenden Bankverpflichtungen um 300 Millionen zurückgeführt.

Zu diesem Zeitpunkt, 1994, hatte Friedrich Hennemann noch nicht gegen deutsche Gesetze oder europäische Vorschriften verstoßen. Es war durchaus zulässig, zwischenzeitig verfügbare Finanzmittel von Konzerntöchtern an die Konzernmutter auszuleihen. Nach Meinung der Treuhandanstalt wäre eine Beschränkung nur dann zu prüfen gewesen, wenn von vornherein die konkrete Gefahr bzw. der konkrete Verdacht des Mißbrauchs von Beihilfezahlungen bestanden hätte. Desgleichen aber hat eben niemand gesehen.

Selbst die *C&L*-Prüfer verwiesen in ihrem Testat darauf, daß die von den Ostwerften eingebrachten Mittel nur in einer Weise angelegt werden dürfen, daß sie dem jederzeit gemäß dem Privatisierungsauftrag verwendet werden können. »Dies ist durch die getätigten Anlagen und Ausleihungen sichergestellt, (...) Wir haben keinen Zweifel«, so die Prüfer noch im Frühjahr 1995, »daß die Käufer der *MTW* ihre Investitions- und Beschäftigungsverpflichtungen aus dem Kaufvertrag zukünftig nicht erfüllen können oder wollen.«

Auch die Kommission der Europäischen Union sah angemessen befristete Ausleihungen beziehungsweise ein Central Cash Management der Ostwerften als zulässig. Vorausgesetzt, den Unternehmen würden marktgerechte Zinsen gutgeschrieben. Nun – die erhielten sogar ein Prozent mehr, als am Markt zu jener Zeit üblich. Und selbst die äußerst kritischen Wirtschaftsprüfer *Susat und Partner* haben nach dem Konkurs festgestellt, daß eine Rückführung der Gelder bis Ende 1994 sichergestellt gewesen sei – bis zu dem Tag, an dem Finanzchef Anton Schneider die Kreditlinie kündigte.

Der Bundesrechnungshof dagegen vertritt die Auffassung, die *Treuhand*-Anstalt habe den weitgehenden Verlust ihrer im CC angelegten Beihilfen für die Ostwerften mit zu verantworten. Denn die *Treuhand* habe die Einrichtung des Central Cash Management hingenommen, ohne Sicherheiten und ausreichende eigene Kontrollrechte zu verlangen.

Zum Zeitpunkt der Absegnung des Schneiderschen Finanzkonzepts durch den Aufsichtsrat hatte das CC fast den Höchststand an Geldanlagen erreicht: 912 Millionen Mark. Wie hoch der Anteil der *Treuhand*-Gelder an der Gesamtsumme war, vermag niemand mehr zu sagen. Die verschiedenen Gutachter zerbrachen sich vergebens darüber den Kopf. *KPMG* zum Beispiel kommt zu dem Ergebnis, der Betrag von 854 Millionen (Stand 31. 12. 1995) setze sich überwiegend aus dem Verkauf von Schiffsbeteiligungen, Bauzeitfinanzierungen, Zinserträgen zusammen. Lediglich 238 Millionen stammen nach dieser Berechnung aus den *Treuhand*-Töpfen. *Susat und Partner* ermittelten dagegen einen Betrag von 492 Millionen Mark.

Hennemann selbst läßt allenfalls maximal 400 Millionen gelten, ehemalige Kollegen hingegen kommen auf Summen, die sogar die Berechnungen der *Susat*-Prüfer übersteigen. Demzufolge beliefen sich im Central Cash Management die *Treuhand*-Beihilfen einschließlich Altforderungen auf 695 Millionen Mark – Altforderungen eingeschlossen.

Wie auch immer, fest steht: Die Verluste im operativen Bereich der *Vulkan Verbund AG* führten bis 1995 nur deshalb nicht zu einer Liquiditätskrise, weil die hohen Zahlungen der *Treuhand* auch ohne eine zuverlässige Finanzplanung die Liquidität sicherten.

Aber auch diese Summen reichten bei weitem nicht aus, um allen Verpflichtungen nachzukommen. Ost-Investitionen in Höhe von rund 700 Millionen Marke mußten bis 1995 abgeschlossen, zumindest geordert sein, ebenso Investitionen im Westen in Höhe von 300 Millionen, daneben riß der Bau zweier Kreuzfahrtschiffe zu Dumpingpreisen Löcher in vergleichbarer Größe in die Kassen. Und zu allem standen Verbindlichkeiten in Höhe von über 800 Millionen Mark gegenüber den Tochterunternehmen im Osten an.

Ach ja – es gibt auch noch 25 000 Mitarbeiter, die an jedem Monatsende die Hand aufhalten und Kunden und Lieferanten, die ihre Rechnungen anmahnen. Allein für Löhne, Gehälter und Sozialabgaben mußten monatlich 150 Millionen Mark aufgebracht werden. Bescheiden nehmen sich da die Gesamtbezüge der Vorstände aus: rund fünf Millionen – im Jahr. Für Materialaufwand und betriebliche Aufwendungen vom Strom bis zum Dienstwagen weist die Bilanz 1993 fünf Milliarden aus. Das heißt, bevor auch nur ein Pfennig an Verdienst in der Kasse blieb, mußten rund sieben Milliarden Mark eingenommen werden.

Gibst du mir, so geb' ich dir – Pöstchen, Posten und Intrigen

Wer große Dinge vorhat, braucht Verbündete und kann von engagierten Gegnern durchaus fern vom Ziel gehalten werden. Das hat auch Friedrich Hennemann gespürt. Doch spätestens als sein alter Freund Johannes Schäffler dem Aufsichtsrat vorsaß, hatte er nahezu freies Spiel. »Schrauben Johannes« nannten sie ihn in Bremen, seitdem er in den siebziger Jahren im Vorstand der *Vereinigten Flugzeugbau Werke* (VFW) gesessen und Hennemann als Sanierer des Senats kennengelernt hatte. Nach Jahren traf man sich auf einem der bedeutendsten gesellschaftlichen Ereignisse Bremens, der Eiswette, wieder und, wie das so ist auf derlei Veranstaltungen: da fällt schon mal für den einen oder anderen ein lukrativer Auftrag, mitunter gar ein Pöstchen ab. In diesem Fall für Schäffler, der in München bei *Messerschmidt Bölkow Bloom* aufgrund der Übernahme des Luft- und Raumfahrtkonzerns durch *Daimler-Benz* seinen Vorstandsposten verloren hatte. Hennemann bot ihm an, als Berater beim *Vulkan* einzusteigen. Das blieb Schäffler auch dann noch, als er ein Jahr später zum Vorsitzenden des Aufsichtsrates berufen wurde. Nach dem 100 000-Mark-Vertrag freilich suchte der Untersuchungsausschuß später vergeblich. Er war auf rätselhafte Weise aus den Unterlagen Hennemanns verschwunden wie so viele andere Aktenordner im Zusammenhang mit dem Aufsichtsratsvorsitzenden Schäffler auch. Schäffler war im richtigen Augenblick in Bremen aufgetaucht. Hennemann brauchte Verbündete. Seine Widersacher in der *Vulkan Verbund AG* machten ihm zu schaffen. Seit 1993 saß Professor Karl Friedrich Triebold als sein Stellvertreter mit am Vorstandstisch, ein Vertreter der Opposition nicht nur, weil er immer wieder gegen Hennemanns Finanzierungspläne stimmte, sondern auch weil er der einzige war, der mit einem Parteibuch der Bremer CDU an der Spitze des *Vulkan* Verbundes saß. Solange der frühere *Krupp*-Manager Scheider im Aufsichtsrat das Sagen hatte, genoß Triebold gleichsam Flankenschutz. Doch der Mann mußte weg.

Nun gehören Intrigen und Auseinandersetzungen zweier Kampfhähne auch in den Führungsebenen der Wirtschaft zum biederen Alltag. Der Bremer Filz indes sorgte für ein Schauspiel von besonderer Qualität, für ein Possenstück mit tragikomischen Zügen, wie man es von der bundesdeutschen Wirtschaft so noch nicht aufgeführt bekommen hatte.

Der *Vulkan* war Teil der politischen Bühne Bremens. Entsprechend hatte die Politik einen der ihren an die Spitze des Konzerns geschickt und damit ihre Verbundenheit dokumentiert. Selbstredend hatte der Mann außer den Interessen des Unternehmens auch die der Stadt Bremen zu vertreten, mithin »Arbeit zu kaufen« und Arbeitsplätze zu sichern. Sein eigener Arbeitsplatz war als Lohn dafür ja doppelt abgesichert.

Daß da einer von der Christlich Demokratischen Union störend an seiner Seite wirken mußte, versteht sich beinahe von selbst. Und als der auch noch an seinem Stuhl zu sägen begann, war klar, daß nicht mehr mit dem Florett gefochten werden konnte. Also griff Hennemann zum Säbel. Mit Bürgermeister Klaus Wedemeier ist er sich einig. Auch der ist wenig davon begeistert, daß ein Vorstandsmitglied der *Vulkan Verbund AG* zugleich CDU-Politik an der Weser betreibt, zu allem auch noch im Sinn hat, für die Bürgerschaft zu kandidieren, um Wirtschaftssenator einer großen Koalition zu werden. »Der wird von jetzt an nicht mehr geschont«, sagt auch Wedemeier. Als der betroffene Triebold den Bürgermeister um eine schriftlich Erklärung für diese ihm hinterbrachte Drohung bittet, erklärt Wedemeier lakonisch, dies sei doch die offizielle Meinung *seines* Vorsitzenden Friedrich Hennemann.

Dabei hatte es Hennemann vor allem dem Professor zu verdanken, daß der *Vulkan* sich mit einer so lukrativen Tochter wie *Atlas Elektronik* schmücken konnte. Triebold war es, der seinen Ziehvater Beitz davon überzeugen können, das Unternehmen in deutschen Händen zu belassen. So wurde Triebold, wie bereits geschildert, mit der *Atlas Elektronik* mitgekauft und kam mit dem Versprechen in den *Vulkan*, Hennemann zu beerben, sollte der einmal – aus welchen Gründen auch immer – nicht mehr Vorsitzender sein. Triebold hatte seine eigenen Vorstellungen, wie mit einem Schiffbaukonzept der *Vulkan* über Wasser gehalten werden könnte. Eine zentrale Kasse als Rationalisierungsmaßnahme reichte seiner Meinung nach nicht aus, um den Werftenverbund flott zu machen. Vielmehr mußten auch Entwicklung und Konstruktionsplanung, besonders aber der Einkauf zentralisiert werden. Bislang besorgte sich jede Werft selber den Stahl, den sie für ihre Schiffe brauchte, in der Meinung, aufgrund alter Beziehungen zu den Stahllieferanten den günstigsten Preis zu erzielen. Daß eine zentrale Beschaffung allein aufgrund der Einkaufsmenge günstiger für alle sein könnte, glaubte niemand so recht. Also blieb alles beim alten. Die Werften wollten sich von Triebold ebensowenig das Geschäft aus der Hand nehmen lassen wie Hennemann sich in sein zentrales Finanzmanagement blicken ließ. Zentrale Schiffsplanung? »Wir bauen fünf Schiffe im Jahr. Die hab' ich im Kopf.«

Auch Triebolds Idee, sich von der teuren Schiffsfinanzierung in Form von Beteiligungen und Abschreibungen über die *Conti Reederei,* den größten Partner der *Vulkan Verbund AG*, zu lösen, stieß auf heftigen Widerstand. Böse Zungen behaupten, dieser Sparvorschlag habe deswegen keine Freunde beim *Vulkan* gefunden, weil ihm der lukrative Nebenverdienst des einen oder anderen zum Opfer gefallen wäre. Kick-Back-Geschäfte nennen die Fachleute solch provisionsträchtigen Handel zwischen Werften und Abschreibungs-Reedereien. Wer kann schon später nachvollziehen, ob ein Containerschiff 75 oder 79 Millionen Mark gekostet hat?

Wie locker beim *Vulkan* mit den Millionen umgegangen

wurde, kam beim Konkurs des Unternehmens zu Tage. Mitarbeiter des Konkursverwalters fanden im Büro des Chefs der *Vulkan*-Werft eine Million Mark in bar, verteilt auf mehrere Briefumschläge. Schwarzgeld im mehrfachen Sinne des Wortes. Schwarz nämlich hieß der Werftenchef, der solche Summen in seinem Schreibtisch aufbewahrte. Solche Millionenbeträge tauchten weder in den Büchern noch in den Bilanzen auf, nur in der des Konkursverwalters Jobst Wellensiek.

Verständlich, daß Hennemann sich bei solchem Geschäftsgebaren nicht gerne in die Karten blicken lassen wollte, schon gar nicht von Abgeordneten der CDU.

Der erste Versuch, Triebold aus dem Vorstand zu räumen, war noch von rührend taktischer Raffinesse. Hennemann nahm dem Rivalen sein Lebenswerk, *Atlas Elektronik*, den Konzern, den er zur Weltgeltung geführt hatte. Er nahm ihm das operative Geschäft und betraute ihn stattdessen mit dem Ressort »Strategische Planung«. Doch seine Hoffnung, Triebold werde enttäuscht die Segel streichen, erfüllte sich nicht, selbst dann nicht, als Triebold mit ansehen mußte, wie sein ärgster Widersacher und Konkurrent im Unternehmen, Hans E. W. Hoffmann, Nachfolger seiner selbst bei *Atlas Elektronik* wurde.

Der zweite Versuch zielte tief unter die Gürtellinie. Assistiert von seinem Berater und künftigen Aufsichtsratsvorsitzenden Johannes Schäffler, packte Hennemann seinen Kontrahenten an dessen schwächster Stelle: seinen Frauenaffären. Auch Schäffler hatte noch einige Rechnungen mit Triebold offen, private ebenso wie dienstliche. Triebold nämlich hatte ihm als Vorstandsvorsitzender der *Atlas Elektronik* während seiner Zeit bei *MBB* einen Millionenauftrag für Asien weggeschnappt, was Schäffler ihm nie verziehen habe, so Triebold heute. Aber nicht nur einen Auftrag hat Triebold Schäffler weggeschnappt, sondern auch die Freundin von dessen bestem Freund.

Und als diese Frau auch noch auf der Gehaltsliste von *Atlas Elektronik* erschien, da hatte der Aufsichtsratsvorsitzende endlich einen Grund einzugreifen, zumal gegen die Salesmanagerin Jutta Simon ein Ermittlungsverfahren wegen Verdachts auf Verstoß gegen das Kriegswaffenkontrollgesetz lief.

Man könnte sagen: Karl Friedrich Triebold machte es seinen Gegnern zuweilen leicht, ihm selbst das Leben schwer zu machen. Denn Schäfflers Warnung, Privates und Dienstliches nicht miteinander zu vermischen, war durchaus berechtigt. Der Aufsichtsrat wollte den Vorstand vor der Verlockung bewahren, sich auf simple Weise Nebenverdienste einzuheimsen: Die Freundin erhält den Tip, wo sich mögliche Aufträge anbahnen, schaltet sich als Agent in die Vertragsverhandlungen des Unternehmens ein und kassiert Vermittlungsprovisionen – ganz legal. Da es beim *Vulkan* um Millionen und Milliarden geht, sind schnell ein paar Millionen verdient, sofern die Beziehungen stimmen. Besonders bei Potentaten der dritten Welt bedarf es mitunter eines diskreten Vermittlers, da hier die Bundesregierung nicht immer offiziell in Erscheinung treten will. Und der Vermittler stellt dann fest, in dem Auftrag sind noch acht Prozent Verhandlungsspielraum drin, vier Prozent für den Präsidenten, Minister oder Parteichef, vier Prozent für den oder die Agentin. Ob in Saudi Arabien, Tunesien oder Malaysia, ja selbst im europäischen Griechenland, ohne Bestechung läuft da so gut wie nichts. Und für vier Prozent bei einem 220 Millionen Auftrag – da muß eine alte Frau lange für stricken ...

Die Gefahr, der Chef von *Atlas Elektronik* könne in derlei Geschäfte verwickelt werden, war nicht gänzlich aus der Luft gegriffen, seitdem die blonde Jutta Simon in sein Leben eingetreten war. Manche sehen sie heute noch als weibliche Kashoggi, als größte Waffenhändlerin der westlichen Welt; andere sehen eher eine moderne Mata Hari in ihr – was sie beides nicht sonderlich zu beeindrucken schien. Übrigens auch Triebold nicht. Er schlug noch die freundschaftlichste aller Warnungen in den Wind und zog, als der Aufsichtsratsvorsitzende des *Vulkan* Verbundes, Johannes Schäffler, darauf drängte, den Vertrag zwischen *Atlas Electronics* und Jutta Simon zu kündigen, mit ihr vor Gericht.

Jutta Simon ihrerseits schien mit einer für dieses Geschäft erstaunlichen Naivität nicht zu bemerken, daß ihre Affäre mit Triebold den Gegnern im Konzern billige Angriffsfläche bot, mithin zur ›Liaison dangereuse‹ für beide und am Ende sogar für den gesamten *Vulkan* Verbund wurde. Denn Jutta Simon vermittelte nicht nur Waffen in alle Welt, sie lieferte – ungewollt – auch die Munition zum Abschuß des vermutlich einzigen Vorstandsmitglieds im Unternehmen, das den *Vulkan* Kraft seiner wirtschaftlichen Kompetenz vor dem Untergang hätte retten können.

Jutta Simon – Die Waffen einer Frau

So ungewöhnlich das Auftreten einer Frau in der Welt von Elektronik und Waffenhandel ist, so bemerkenswert sind die Ratgeber, auf die sich Jutta Simon verläßt. Seit längerem hat sie ihr Leben der Esoterik verschrieben, beginnt sie keine Verhandlung, trifft sie keine Entscheidung, ohne in Paris ihre Wahrsagerin zu konsultieren. Sie glaubt zu wissen, was es bedeutet, wenn Menschen zum Medium werden, doch sie merkt nicht, wie sie im Spiel der Mächte selbst als Medium mißbraucht wird. Oder spielt sie gar mit?

Manfred Wörner, seinerzeit NATO-Generalsekretär, Professor Manfred Timmermann, Jörg Schönbohm, heute Innensenator von Berlin – sie alle rieten dem *Vulkan* Manager Karl Friedrich Triebold zur Vorsicht – Jutta Simon war keine Unbekannte in der großen Politik. Nach Bremen war sie im Herbst 1991 gekommen. Ein Oktobermorgen in den Büros der *Krupp*-Tochter *Atlas Elektronik*. Eine Gruppe von Managern verhandelt mit einer Delegation des italienischen Elektronik- und Rüstungskonzerns *Alenia* über eine engere Zusammenarbeit. Eine Blonde mit üppigem Busen dominiert die Männerrunde. Allzu leicht unterschätzt man die Dame, die manch einer wohl eher auf dem Laufsteg vermutet hätte dann als Agentin im Waffengeschäft.

Tatsächlich hat die knallharte Managerin für Im- und Export aller Arten einst als Bikiniverkäuferin bei *Karstadt* begonnen. Heute kennt sie keine Grenzen mehr, nicht politisch, nicht moralisch, nicht geographisch. Jutta Simon wird empfangen von Parteichefs, Präsidenten, Potentaten rund um die Welt, im Orient ebenso wie in Asien und Südamerika, zwischen dem Balkan und der Karibik.

Begonnen hat sie ihre zweite Karriere im unmittelbaren Umfeld von Franz-Josef Strauß. Dem bayerischen Ministerpräsidenten wurde Jutta Simon 1976 auf einem Empfang der Landesregierung vorgestellt. Franz-Josef Strauß, alles andere als ein Kostverächter, zeigt sich fasziniert von der 36jährigen, die vor kurzem erst aus dem Textilhandel ausgestiegen ist, um in Liechtenstein und Panama eine Firma namens *Textor Trading* zu gründen, für die sie auch in München, im feinen Arabella-Haus, ein Büro anmietet. Wenig später wird Jutta Simon Mitglied im Wirtschaftsrat der CSU sowie bei der *Deutschen Gesellschaft für Wehrtechnik* DTW, einem Forum für alle, die sich im internationalen Rüstungsgeschäft tummeln. 1997, anläßlich des vierzigjährigen Jubiläums der Gesellschaft, wird Verteidigungsminister Volker Rühe zusammen mit dem Generalinspekteur der Bundeswehr Hartmut Bagger die große Bedeutung ihrer Arbeit würdigen, die weltweiten Kontakte sowie das »nutzbringende Wirken« der *DTW* zur Förderung von Wehrtechnik und Verteidigungswirtschaft loben, dabei insbesondere den »Einsatz der vielen freiwilligen Mitglieder« hervorheben.

Der Verein ist frei von Erwartungen, seine Mitglieder suchen berufsbezogene Informationen, um ihre beruflichen Aufgaben in der wehrtechnischen Industrie erfüllen zu können. So versammelt die Jahrestagung der *DTW* die Vorstände von *Daimler,* der *Deutschen Aerospace, MTU, Diel* und *Rheinmetall*, aber auch die Entscheidungsträger aus den Behörden und Ministerien, wie Bundeswehr-Beschaffungsamt und Verteidigungsministerium.

Nach Franz-Josef Strauß hat sich vor allem Klaus Kinkel als besonderer Förderer von Jutta Simon hervorgetan, den sie noch heute auf zahlreichen Staatsbesuchen begleitet. Die attraktive Agentin gehört zum innersten Kreis der ständigen Wirtschaftsdelegation des Bundesaußenministers. Für Strauß-Intimus Karli Dersch keine allzu große Überraschung: »Schließlich war Klaus Kinkel sieben Jahre Chef des BND. Und Geschäfte, wie Jutta Simon sie betreibt, laufen nicht ab ohne Kenntnis und Unterstützung des jeweiligen nationalen Nachrichtendienstes.« Jutta Simon steht auf Du und Du mit den Großen dieser Welt, vor allem aber in Südamerika. Den Präsidenten von Uruguay, Lacalle Herrera, nennt sie »un amigo mio«. Mit dem argentinischen Staatschef Menem tummelt sie sich auf Tennisplätzen, mit Kanzler Kohl posiert sie auf der Treppe des Palais Schaumburg, den Kommissar der Europäischen Union, Martin Bangemann, umarmt sie ebenso herzlich wie den früheren Chef des deutschen Heeres General Schnez.

In München hatte ihr der stellvertretende Vorsitzende des Wirtschaftsrats, Alfred Bayer, zu ihrem ersten Großauftrag verholfen. Als Chef der *Isar-Amper-Werke*, einem der großen bayerischen Energiekonzerne, kaufte er Simulatoren für die Unfallverhütung in Kernkraftwerken. Ein Millionenauftrag für die *Krupp*-Tochter *Atlas Elektronik*.

Nicht nur diese Verbindungen hat Jutta Simon ihrem Förderer Franz-Josef Strauß zu verdanken. Auch bei internationalen Geschäften fällt auf, daß die deutsche Managerin überall dort Kontakte knüpft, wo auch der bayerische Ministerpräsident beste Beziehungen unterhält. Ob in Südafrika, in Argentinien, im Nahen Osten oder in Ostberlin bei Alexander Schalk-Golodkowski. Ebenso hilfreich sind Verbindungen nach Frankreich. *Thomson CSF,* die später an Stelle der *Vulkan Verbund AG* und anderer deutscher Rüstungsfirmen Kriegsschiffe an Taiwan liefern werden, zählen schon zu diesem Zeitpunkt zu den Vertragspartnern der Sales-Managerin. Als Franz-Josef Strauß Aufsichtsratsvorsitzender von *Airbus Industries* in Paris wird, schlägt auch Jutta Simon ihre Zelte dort auf, kauft im vornehmen Vorort Neuilly Büro und Wohnung, wo sie heute noch absteigt, wenn sie zu Konsultationen ihrer Wahrsagerin reist. Die französische Hauptstadt eignet sich hervorragend, wenn es um internationalen Waffenhandel geht. Nahezu alle interessanten Auftraggeber aus dem Nahen Osten und Südamerika sind dort zu finden, die großen Rüstungskonzerne wie *Matra* und *Thomson,* aber auch private Händler wie Kashoggi in der Avenue Montaigne. Viele dubiose Dreiecksgeschäfte wie Lieferungen von Maschinengewehren aus Südafrika für Argentinien oder französische Panzer und Langstrecken-Torpedos an Syrien laufen über Kontakte in Paris.

Abgewickelt wird die Ware aus steuerlichen Gründen über Liechtenstein, wo auch Jutta Simon ihre Briefkastenfirma *Textor* unterhält, laut Handelsregister ein Unternehmen zum Zwecke der Industrievermittlung, des Technologietransfer sowie dem Erwerb, der Verwaltung und der Veräußerung von Vermögenswerten jeglicher Art.

Bald schon erweckte Jutta Simons Liechtensteiner Unternehmen *Textor* das Interesse internationaler Ermittler, vollends nachdem bekannt wurde, daß hinter *Textor* die Präsidialanstalt aus Vaduz mit dem Verwaltungsrat Dr. Peter Ritter steht, der von verschiedenen Seiten verdächtigt wird, unter anderem dem Lahrer Giftgas-Fabrikanten Dr. Jürgen Hippenstiel-Immhausen geholfen zu haben, Gewinne aus dem Rabta-Libyen-Geschäft zu verschleiern.

Unter seiner Ägide soll Jutta Simons Unternehmen *Textor* auch Vorbereitungen für einen Iran-Handel getroffen haben. Die Ayatollahs waren am Kauf einer »Zuckerfabrik« interessiert. Ein Deal, der platzte, nachdem das Schweizer Unternehmen *Lurgi* seinen Ausstieg verkündete. Bei den Geheimdiensten indes vermutet man, daß die »Zuckerfabrik« in Wahrheit der Pestizidproduktion dienen sollte und auch zur Herstellung von chemischen Kampfstoffen geeignet gewesen wäre. Kein geringerer als Klaus Kinkel soll im Vorfeld eine wohlwollende Prüfung des Handels zugesagt haben, was offiziell freilich heftig dementiert worden ist.

Die Firmen des Dr. Peter Ritter waren auch an der Tarnung der Unternehmen beteiligt, die SED-Devisenbeschaffer Alexander Schalck-Golodkowski in Liechtenstein unterhielt. Eine weitere Verbindung, in der sich der Name Franz-Josef Strauß wiederfindet. Der bayerische Ministerpräsident hatte bereits 1983 Kontakte zu Schalck geknüpft und über ihn einen Milliardenkredit für die DDR vermittelt.

Auch Simon-Freund Karl Wienand taucht in dieser Verbindung auf. Wienand allerdings ist bis heute der einzige, der für seine Geschäfte teuer büßen mußte. Zu zweieinhalb Jahren Gefängnis ohne Bewährung sowie zur Rückzahlung von einer Million Mark Agentengehalt wurde er verurteilt. Ob der frühere Geschäftsführer der SPD und enge Vertraute von Herbert Wehner wirklich für die Staatssicherheit der DDR spioniert hat, bleibt in wesentlichen Teilen auch nach der Bestätigung des Urteils durch den Bundesgerichtshof ungeklärt.

Jutta Simons Handelsgeschäfte mit der Staatssicherheit sind, sofern rechtsrelevant, heute wohl alle verjährt. Dabei traf sie sich noch 1988 im Internationalen Handelszentrum in Ostberlin mit DDR-Funktionären. Offiziell um Schuhe der Marke »Hushpuppies« zu verkaufen. Seltsam, daß für Verhandlungen über eine Lieferung von Schuhen Kontakte der Schalck-Golodkowski-Firma *Imes* bemüht werden mußten. Die nämlich war in der Deutschen Demokratischen Republik für internationalen Waffenhandel zuständig.

Was im einzelnen Jutta Simon damals besprochen hat, ist in den Akten der Gauck-Behörde nachzulesen. Laut Aufzeichnungen der Staatssicherheit hat sich die Besucherin aus München ohne größere Vorbehalte vorgestellt: Sie sei im Waffengeschäft tätig und verfüge über umfangreiche und gute Verbindungen zu führenden Persönlichkeiten in Lateinamerika – insbesondere nach Argentinien und Venezuela – sowie im Nahen Osten, dort zum Beispiel nach Jordanien …

Karl Friedrich Triebold kannte Jutta Simon noch nicht mal einen Monat, da wurden bereits die ersten Ermittlungen gegen die Salesmanagerin aufgrund eines anonymen Schreibens eingeleitet – ohne Ergebnis. Genau ein Jahr später, im Oktober 1992, alarmierte der Münchener Polizeikommissar Stadtler seine Kollegen von Interpol. Ihm lagen Informationen vor, denen zufolge Jutta Simon in nicht genehmigte Waffengeschäfte mit Argentinien verwickelt sei. Mehrfach sei sie an der Seite des argentinischen Präsidenten gesichtet worden. Als der Präsident im Herbst 1992 auf Staatsbesuch nach Österreich kam, schickte Stadtler seine Detektive aus, um Jutta Simon nachzuspüren – ohne Ergebnis.

Im April 1993 verdichtet sich Stadtlers Verdacht aufs Neue. Diesmal kommt die Information aus Buenos Aires. Ein Agent des Side, des argentinischen Geheimdienstes, meldet sich beim Vertreter des Bundeskriminalamtes in der deutschen Botschaft. Per Fax teilt er den deutschen Sicherheitskräften mit, ein deutsches Paar plane Waffenlieferungen für Südostasien. Unter anderem sollten Marinehubschrauber für die Philippinen und U-Boot-Jäger für Malaysia über südamerikanische Staaten abgewickelt werden. Es habe bereits mehrere Treffen des Paares mit

Kunden in der argentinischen Hauptstadt gegeben. Die Namen des deutschen Paares: Jutta Simon und Karl Friedrich Triebold. Mit dem Vermerk »streng geheim« und »dringend« wird die Botschaft an den Bundesnachrichtendienst in Pullach und an das Bundeskriminalamt in Wiesbaden weitergeleitet. Die Staatsanwaltschaft München 1 leitet unverzüglich ein Ermittlungsverfahren ein. Schon bald glauben die Beamten genügend Material gesammelt zu haben, um beweisen zu können, daß Jutta Simon und Karl Friedrich Triebold nicht nur eine Liebesbeziehung hatten. Es besteht der dringende Verdacht auf Verabredung von strafbaren Handlungen – für die Ermittler Anlaß, einen Antrag auf Telefonüberwachung zu stellen und genehmigt zu bekommen.

Jutta Simons Beziehungen zu den Sicherheitsbehörden sind indes auch fünf Jahre nach dem Tod von Franz-Josef Strauß noch so gut, daß sie nicht erst auf ein Knacken in der Telefonleitung warten muß, um zu merken, daß sie Opfer eines Lauschangriffes ist. Im Januar 1994 erscheint die inzwischen bei der *Vulkan* Tochter *Atlas Elektronik* unter Vertrag stehende Managerin bei Triebolds Berater Peter Würtz und bittet den ehemaligen SPD-Abgeordneten, sich der Sache anzunehmen.

Man wendet sich direkt an die Quelle. Schließlich kennt Karl Friedrich Triebold den Koordinator der Geheimdienste, Staatsminister Schmidtbauer, genannt »008«, persönlich. Doch die Ermittlungen sind bercits so weit fortgeschritten, daß sie nicht mehr eingestellt werden können.

Am 18. April 1994 stellt ein Münchener Richter die notwendigen Befehle zur Hausdurchsuchung aus. Zwei Wochen später, am 3. Mai 1994, wurden mehr als dreißig Büros und Wohnungen im gesamten bundesdeutschen Gebiet und in Paris durchsucht. Auch bei Karl Friedrich Triebold in Bremen klingelt die Polizei um sieben Uhr vierzig und räumt sein Büro aus – ohne Erfolg. In Jutta Simons Pariser Wohnung hingegen finden sich handfeste Indizien für – zumindest – die Beteiligung an illegalem internationalen Waffenhandel im großen Stil.

Die Liste der Ermittlungsergebnisse liest sich wie der Katalog einer Rüstungsschmiede: Schnelle Patrouillen-Boote einschließlich elektronischer Führung und Waffeneinsatzsystemen von *Atlas Elektronik* für die Philippinen; Korvetten aus Italien für Südamerika; Panzertürme, Feuerleitsysteme und Fregatten für Abu Dhabi; Boden-Luft-Raketen vom Typ Stinger für Venezuela; Spähpanzer für Uruguay; russische Panzer vom Typ T43 und 55 für »Sirien« – die Staatsanwaltschaft ist nicht überall auf der internationalen Landkarte zu Hause und verwechselt schon mal ein *y* mit einem *i*.

Der Wert der Lieferungen bewegt sich zwischen zwei und dreistelligen Millionenbeträgen. Doch die Rechnungen und Belege, die in der Pariser Wohnung gefunden werden, stammen sämtlich aus den Jahren 1986 bis 1988. Die Taten sind verjährt. Zu den Erkenntnissen aus der Telefonüberwachung in den Jahren 1993 und 1994 gibt es kein Schriftstück. Weder in der Münchner Wohnung von Jutta Simon noch in ihrem Pariser Büro fanden sich umfangreiche schriftliche Hinweise, die mit dem Gesprächsstoff der Telefonate in einem Zusammenhang zu bringen sind, der auf unzähligen von DIN-A4-Seiten protokolliert, bei der Münchener Staatsanwaltschaft unter Verschluß liegt.

Zu Beginn des Lauschangriffs notierten die Beamten jede Silbe, getrieben von dem Verdacht, hinter jedem

Wort könnte sich eine Waffe verstecken. Später finden sich in den Protokollen an Stelle der ellenlangen Liebesgrüße nur noch Punkte. Schon damals, drei Jahre vor der *Vulkan*-Pleite, hätte die Welt erfahren können, wie schlecht es dem Bremer Werftenverbund wirklich ging. Doch die Lauscher mußten das Geheimnis für sich behalten, wenn sich Karl Friedrich Triebold bei seiner Freundin Jutta über den diktatorischen Führungsstil von Friedrich Hennemann ausweinte und das verlogene Zahlenspiel des *Vulkan*-Chefs bei der Bilanzgestaltung beklagte. Sie interessierten sich auch viel mehr dafür, inwieweit Jutta Simon ihr Verhältnis zu dem Professor ausnutzte, um ihre Kriegsschiffe und Hubschrauber mit der Elektronik aus Bremen auszurüsten. Die Dame ist mitteilungsfreudig und spricht offen aus, was sie über andere denkt. Da dürften die Ermittler nicht selten heiße Lauscher bekommen haben. Mancher Gesprächsinhalt muß ihre Phantasie dermaßen angeregt haben, daß ihnen die Schamröte ins Gesicht gestiegen ist. Die Phantasie ging mit ihnen durch, wenn es um Potenz, Kadenz und Kaliber von Angebot und Nachfrage der Ware ging. Da vermuteten die heimlichen Zuhörer, daß sich hinter einer Lieferung von »Hushpuppies« für Rumänien eine Ladung russischer Splitterbomben verbarg. Und als die ukrainische Regierung bei Jutta Simon gar S-30 ordern wollte, flippten die Beamten vollkommen aus. Daß die Waffenhändlerin mit solchen Kalibern kommen würde, paßte nicht mehr in ihr Vorstellungsvermögen. Die Simon rüstet einen ehemaligen GUS-Staat mit dem Nachfolgetyp der russischen Mittelstreckenrakete SS-20 auf! Es war Zeit zum Zuschlagen. Dank der *Vulkan*-Connection, die Jutta Simon pflegte, konnte dieser angebliche Waffenhandel jedoch als Unsinn entlarvt werden.

Der damalige Staatssekretär des Verteidigungsministeriums Jörg Schönbohm, ihr späterer Trauzeuge, bezeugte gegenüber den Ermittlern, daß es sich bei den »Hushpuppies« um gewöhnliches Schuhwerk und bei S-30 keinesfalls um das Nachfolgemodell der russischen Rakete SS-20 handele, sondern um einen Generator für Heizkraftwerke.

Auf den ersten Blick erstaunlich, daß bei den Durchsuchungsaktionen am Ende zwei Faxe bleiben, deren Beweiskraft schlicht deshalb schwindet, da weder Absender noch Empfänger sich erinnern können. Beim einen handelt es sich um eine Bestellung von 2000 Granaten, Kaliber 76 mm, Typ Hesh Nr. 180-AL, beim anderen, datiert vom 2. März 1993, um einen Auftrag von der philippinischen Marine über die Lieferung von Abschußvorrichtungen für Raketen und Torpedos. Hierzu immerhin finden sich auch Protokolle von Telefongesprächen, unter anderem zwischen Jutta Simon und dem ihr befreundeten Professor der Münchener Bundeswehrhochschule, Armin A. Steinkamm, der nebenbei ein Unternehmen für die Entsorgung russischer Truppenübungsplätze betreibt. Doch als die Staatsanwaltschaft den Jura-Professor als Zeugen in dem Verfahren vorlädt, macht dieser von seinem Zeugnisverweigerungsrecht Gebrauch mit dem Hinweis, er habe die Beschuldigte wie ein Verteidiger beraten. So einfach ist das, und Jutta Simon erklärte, sie habe sich, wenn überhaupt, nur um die Finanzierung gekümmert. Das reicht der Staatsanwaltschaft, um das Verfahren einzustellen.

Den Protokollen der Telefonüberwachung zufolge hatte sich die *Textor Trading* auch ausgiebig über die Beschaffung von Stinger Boden-Luft-Raketen für Venezuela erkundigt, ein Waffensystem, das von der Firma *Dornier*, bei der die Simon einen Beratervertrag hatte, in Lizenz hergestellt wird. Aus den Telefongesprächen geht der eindeutige Hinweis hervor, daß eine Lieferung nur über andere NATO-Länder laufen könne. Doch selbstredend konnte sich die Beschuldigte nicht mehr daran erinnern, jemals solche Gespräche geführt zu haben, auch nicht, nachdem die Ermittler ihr die – vor Gericht in Deutschland nicht zugelassenen – Tonbänder der Telefonüberwachung vorgespielt hatten. Das Verfahren wurde eingestellt.

Für den Bundestagsabgeordneten P. kein außergewöhnlicher Vorgang. Das ehemalige Mitglied des G-10-Gremiums, zuständig für die Aufhebung des Schutzes der Privatsphäre nach Artikel 10 des Grundgesetzes, möchte, daß sein Name so geheim bleibt wie die Gesprächspartner der Jutta Simon auf den Tonbändern der Telefonüberwacher: »Bonn war schon immer angewiesen auf ein gewisses Gewerbe im Außenhandel, wenn die Regierung nicht in Erscheinung treten wollte. Dann wurden Männer wie Mertins vorgeschickt, der größte Waffenhändler der Republik in den sechziger und siebziger Jahren.«

Selbst Hans-Dietrich Genscher sei sich nicht zu schade gewesen, mit Mertins und dem saudischen König auf einem Rheindampfer Geheimgespräche zu führen und die »BND-Schiene« für ansonsten nicht erlaubte oder in die Politik passende Waffenlieferungen zu nutzen.

So nimmt denn auch Klaus Kinkel Jutta Simon bis zum Ende seiner Amtszeit immer wieder gerne mit auf Reisen, um ihr die Chance zu geben, im Windschatten der Bundesregierung als Mitglied der Wirtschaftsdelegation ihren Geschäften nachzugehen. Mit an Bord Heiko Schulze, von Beruf Kameramann – doch zu größerem bestimmt.

Heiko Schulze – Journalist mit allerbesten Kontakten

Die Referenzen dieses Mannes – auch wenn er sie sich meist selbst ausstellt – reichen von guten Kontakten zum Kanzleramt bis zu hervorragenden Beziehungen zum BKA und zum BND. Ein Mann wie Karl Friedrich Triebold ihn braucht. Verunsichert wegen der eingeleiteten Ermittlungen, engagiert er Schulze als Verbindungsmann in Bonn, eine Art Privatsekretär, aus dem schon bald ein Privatdetektiv werden wird.

In Bonn fällt Heiko Schulze vor allem durch drei Dinge auf: grauer Daimler 500 mit grauen Gardinchen, drei Handys und ein blauer Schal. So bewegt er sich durch die politische Szene. Das Nummernschild an der Limousine verrät seine offizielle Profession: BN-TV 7. Tatsächlich ist es nach wie vor seine Kamera, die ihm Zutritt zu den Großen verschafft. Und sollte ihm dennoch einmal jemand den Weg versperren, so zieht er eine rote Polizeikelle aus dem Fond des Wagens.

Schulze zählt zu jener Spezies von Journalisten, die mit Nachrichten und Kontakten handeln – in diesem Fall für das Österreichische Fernsehen und für deutsche Manager.

Seit November 1993 gibt es einen nahezu täglichen Telefonkontakt zu seinem neuen Arbeitgeber, unabhängig davon, wo Karl Friedrich Triebold sich aufhält auf der Welt. Eines der Handys ist allein für Triebold reserviert, manchen freilich scheint diese Verbindung ein großer Dorn im Auge zu sein.

Eines Morgens, im Sommer 1994, als Heiko Schulze seinen Auftraggeber Karl Friedrich Triebold mit dem grauen Daimler vom Köln-Bonner Flughafen abholt, beginnt der Wagen zu schlingern und droht aus der Kurve zu fliegen. Dem Journalisten gelingt es, die schwere Limousine abzufangen und zum Stehen zu bringen. An beiden Vorderrädern sind die Radmuttern gelockert. Drei fehlen bereits: Aus der Sicht der für politische Delikte zuständigen Beamten vom 14. Kommissariat in Bonn eindeutige Profiarbeit. Wenig später, am Vorabend des Berliner Presseballs findet der Journalist auf seinem Hotelzimmer einen Brief, aus Zeitungsschnipseln zusammengeklebt: »Auch wenn Sie heute Abend ihr Geld in Berlin verdienen, wir wissen immer, wo wir Sie finden. Ihre Bremer Freunde.«

Auch Triebold erhält unzweideutige Hinweise. Als Schulze ihn nach einem Gespräch mit Forschungsminister Rüttgers ins »Maritim«, eines der bestbewachten Hotels im Bonner Regierungsviertel zurückbringt, findet Triebold sein Zimmer komplett durchwühlt. – Ebenfalls die Arbeit professioneller Besucher, wie die Kripo feststellen wird. Keine Spuren, keine Fingerabdrücke. Wonach haben die Eindringlinge gesucht? Triebolds Diplomatenkoffer ist durchwühlt, es fehlt jedoch keines der Geheimdokumente über den lautlosen und unsichtbaren U-Boot-Krieg, über den der Professor am nächsten Tag im Verteidigungsministerium vortragen will.

Die Täter werden nie gefunden, der Psychoterror setzt sich mit Drohungen auf der Mailbox des Handys und mit anonymen Schreiben im Halbjahresrhythmus fort. Sogar nach dem Ausscheiden Triebolds aus der *Vulkan Verbund AG* bleiben die Briefeschreiber aktiv. Jedesmal, wenn sich der Manager für einen neuen Job interessiert, flattert eine anonyme Warnung auf den Vorstandstisch des Unternehmens: Vorsicht Waffenhändler. Die Beamten des BKA tappen im Dunkeln.

Also ein weiterer Rechercheauftrag für Privatsekretär Heiko Schulze. In München, Bremen und Buenos Aires, so der Journalist, habe er neue Kuriositäten entdeckt: Bei der Übermittlung der Hinweise des argentinischen Geheimdienstes Side auf das deutsche Waffenschieber-Paar spiele derselbe Informant eine Rolle, der auch beim Hinweis auf den illegalen Plutoniumhandel als Zuträger aufgetaucht sei. Außerdem, so Schulze, sei er bei seinen Ermittlungen auf Konten in der Schweiz gestoßen – Konten, auf denen 50 Millionen Mark lagerten, überwiesen von Friedrich Hennemann. Mehr könne er nicht sagen, so Schulze – aus Rücksicht auf sein Leben.

Offensichtlich hat auch Jutta Simon ein Interesse daran, daß Heiko Schulze nicht allzu viel plaudert. Eines Tages erhält der Journalist ohne besonderen Anlaß ein Kuvert mit einem Scheck über 15 000 Mark. Schulze ist davon überzeugt, daß Jutta Simon ihn auf diese Weise von weiteren Nachforschungen abhalten will. Auch Triebold scheint zunehmend verunsichert. Doch sein Mißtrauen ist rasch aus dem Weg geräumt. Er folgt dem Rat eines Freundes, setzt alles auf eine Karte und macht Jutta Simon einen Heiratsantrag. Sie willigt ein. Als Trauzeuge im Wiesbadener Standesamt wird der Staatssekretär a. D. und heutige Innensenator von Berlin Jörg Schönbohm fungieren – trotz großer Bedenken und freundschaftlicher Warnungen vor der internationalen Waffenhändlerin. Privat mag Triebold ein neues Leben beginnen – bei der *Vulkan Verbund AG* ist das Ende seiner Karriere damit besiegelt. Mehrfach hatten Hennemann und Schäffler ihm nahegelegt, wenn schon nicht die privaten, so doch die dienstlichen Beziehungen zu Jutta Simon aufzukündigen. Nun würde eine kleine Indiskretion genügen, um dem Aufsichtsrat Triebolds Ablösung vorzuschlagen. Am 25. Mai 1994 erscheint in der *Süddeutschen Zeitung* ein Artikel unter dem Titel: »Die etwas anderen Waffen einer Frau«. Ein früheres Fotomodell soll Kriegsschiffe in Krisengebiete verschoben haben.

Der *Stern* legt nach: Die Party-Löwin Jutta Simon und Professor Karl Friedrich Triebold, Chef der Bremer *Atlas Elektronik* sollen außer Waffen und Kriegsgeräten auch eine Giftgasanlage angeboten haben. »Ich treffe Minister und Generäle und vermittle Geschäfte zu ihrem Nutzen. Ist doch egal, wer die Welt in Stücke reißt. Ich könnte sowieso nichts ändern«, zitiert der *Stern* die Salesmanagerin.

Was Karl Friedrich Triebold betrifft, so ist ihm nichts vorzuwerfen, außer der Nähe zu einer Frau von zweifelhaftem Ruf. Gleichwohl scheinen die Drahtzieher im Hintergrund ihrem Ziel, Triebold zu schaden, ein gutes Stück nähergekommen zu sein.

Der Kampf auf dem *Vulkan* kennt nur noch Morast und keine Moral. Bei soviel giftigem Schlamm hilft auch kein Brief vom Kanzler und eine Rehabilitierung im kleinen Kreis. Doch für den Manager gilt, was jedermann nach solchen Schmutzkampagnen widerfährt: Ist der Ruf erst ruiniert ...

Konzernintern hat Karl Friedrich Triebold den Tiefschlag fürs erste weggesteckt. Doch die Konvaleszenszeit beträgt nicht mal ein halbes Jahr. Da folgt bereits der zweite Tiefschlag. Mitten während der öffentlichen Diskussion in Deutschland über den gefährlichen Plutoniumhandel landet auf Triebolds Schreibtisch ein fünfzig Seiten starkes Dokument voll von explosivem Stoff. Der Vorgang über ein Milliardengeschäft, Ankauf heißer Ware aus den ehemaligen GUS-Staaten.

Plutonium aus Moskau, Osmium aus Kiew

Im Sommer 1994 nehmen Fahnder des Bayerischen Landeskriminalamtes in München drei Männer fest. Einer der drei war mit der Lufthansamaschine LH 2269 und einem Koffer mit 300 Gramm Plutonium 239 von Moskau eingereist. Er wollte die Ware für 200 Millionen Mark absetzen. Das bayerische Innenministerium vermutet Verbindungen zwischen alten KGB-Seilschaften und der internationalen Mafia.

Nach Erkenntnissen des BND handelt es sich überwiegend um ukrainisch-russische Gruppen, die Beziehungen zu höchsten Regierungskreisen in Kiew haben. Der Bombenstoff stamme sowohl aus zivilen als auch aus militärischen Anlagen.

Bereits im Juli hatte Bundeskanzler Kohl den russischen Präsidenten Boris Jelzin eindringlich auf die Gefahr eines drohenden illegalen Nuklearhandels aufmerksam gemacht. Rasches Handeln sei dringend erforderlich. Zur selben Zeit, aber ohne ersichtlichen Grund verfaßt auch der Vorstand der Bremer *Vulkan Verbund AG* eine Warnung an alle Mitarbeiter vor östlichen Nuklear-Händlern – »der Kauf von radioaktiven Substanzen stellt eine schwerwiegende Obliegenheitsverletzung im Zusammenhang mit dem bestehenden Dienstverhältnis dar«. – Unterschrift: Karl Friedrich Triebold. Vorsicht oder Ahnung?

Zuständig für die Ostgeschäfte bei der *Vulkan Verbund AG* war Ex-Admiral Hendrik Born, der wiederum als »Leiter Vertrieb Ost« (VO) direkt Friedrich Hennemann unterstellt war. Borns Hauptkontakte – welch ein Zufall – bestanden genau dorthin, wo der BND die Drahtzieher des

Münchener Plutonium-Handels vermutete, und manch einer seiner ehemaligen Freunde sitzt inzwischen eine Haftstrafe ab, so zum Beispiel der frühere Chef der ukrainischen Reederei *Blasco*, Pawlo Kudjukin, vormals häufiger Gast beim *Vulkan* in Bremen.

Am 31. Oktober 1994 teilt Friedrich Hennemann seinem Stellvertreter Karl Friedrich Triebold überraschend mit, er wolle dessen Verantwortungsbereich erweitern und ihm den Vertrieb Ost samt Hendrik Born unterstellen; eines Vorstandsbeschlusses bedürfe es dafür nicht. Triebold hat keine Einwände, kann sich allerdings keinen Reim auf diese Freundlichkeit seines konzerninternen Gegners machen. Die Kooperation mit den Petersburger Werften nimmt einen positiven Lauf, die Verträge mit der weltgrößten Reederei in Kiew stehen kurz vor dem Abschluß.

Drei Tage später weiß er, woraus die Großzügigkeit von Friedrich Hennemann resultiert. Auf seinem Schreibtisch liegt ein Konvolut von insgesamt 50 Seiten, die mit einer Mahnung abschließen; sollten die Verträge nicht sofort realisiert werden, müsse der *Vulkan* mit einer Konventionalstrafe in Höhe von 100 Millionen Mark rechnen. Es geht um 20 Kilogramm Osmium 187 im Gesamtwert von insgesamt zwei Milliarden Mark. Die Verträge wurden drei Wochen zuvor im schweizerischem Chur unterzeichnet. Als Liefergarant trat die ukrainische Firma *Planeta* auf, zu jener Zeit die einzige Stelle, mit einer Ausfuhrgenehmigung für die brisante und wertvolle Ware. Als Zwischenhändler hatte Born zwei Broker aus Jena eingeschaltet, Helmut Eichler und Raynier van Heerden. »Mit der Unterzeichnung des Vertrages durch beide Seiten sind die weiteren Schritte für die erste Tranche rechtsverbindlich bis spätestens 20. Oktober durchzuführen und abzuschließen. Die finanziellen Mittel stehen zur Verfügung. Mit freundlichen Grüßen H. Born, J. Schlüter.«

Für gewöhnlich wird Osmium Isotop 187 zur Fertigung hitzebeständiger Legierungen benutzt, da es erst bei rund 2000 Grad schmilzt. Es gilt als idealer Stoff zur Innenverkleidung von Atomsprengköpfen. – Als Triebold die Dimension des vor ihm liegenden Vertragsdossiers bewußt wird, entschließt er sich unverzüglich nach Bonn zu fliegen, um seinen Freund, den Kanzleramtsminister und Geheimdienstkoordinator Bernd Schmidtbauer zu informieren. Fünf Monate vorher erst haben beide an gleicher Stelle sich über Jutta Simon und den – auch gegen Triebold erhobenen – Verdacht des illegalen Waffenhandels ausgetauscht. Unbedingt will Triebold einen weiteren Skandal vermeiden. Die Experten des Kanzleramtsministers geben diesmal schon nach kurzer Zeit Entwarnung:

Der Handel mit Osmium verstößt nicht gegen das Kriegswaffenkontrollgesetz. Im übrigen erweisen sich die auf dem Kölner Zollamt lagernden Proben als echt. Die Beamten von BKA und BND sind an dem Absender interessiert, denn häufig führen die Spuren zu heißer Ware, zum Beispiel Plutonium und Red Mercury Quecksilber. Und nicht selten landen die Ermittler an Quellen der Atom-Mafia in Kiew, Moskau und Petersburg, deren Adressen mit einigen der Hauptkontakte des *Vulkan*-Mitarbeiters Hendrik Born übereinstimmen. Seinem neuen Vorgesetzten Triebold gegenüber beteuert der Ex-Admiral zwei Tage später, das Milliardengeschäft im Alleingang und ohne Wissen des *Vulkan*-Vorstandes betrieben zu haben. Immerhin besitzt er seit 1992 eine Handlungsvollmacht von Hennemann, die im Gegensatz zur Handlungsvollmacht anderer Kollegen einschließlich des *Vulkan*-Vorstandes nach oben nicht begrenzt war. Dennoch scheint es Triebold außergewöhnlich, daß ein Mitarbeiter Geschäfte in dieser Größenordnung und von derartiger politischer Tragweite einfädeln konnte, dazu noch den Verhandlungspartnern signalisiert, die finanziellen Mittel stünden zur Verfügung. Also beauftragt er die Anwaltskanzlei *Schakow und Partner,* um prüfen zu lassen, wer die Verträge in Wahrheit vorbereitet habe. Keiner traute Born die Fähigkeit zu, nach einer Lehrzeit von nur drei Jahren bei der *Vulkan Verbund AG* Schriftstücke solcher Raffinesse selbständig verfaßt zu haben. Triebold sollte ihn fristlos entlassen. Doch Hennemann und die Juristen bremsen ihn – der Mann könne noch von Nutzen sein, wenn es darum gehe, den Prozeß wegen der 100 Millionen Mark Schadensersatzforderung zu führen. Allerdings fordert man von Born die Abgabe einer eidesstattlichen Erklärung: »Alle von mir unterzeichneten Dokumente, die von Anspruchstellern als Kauf von Osmium durch die Bremer *Vulkan Verbund AG* gewertet werden, habe ich unterzeichnet ohne Kenntnis des Vorstandes der Bremer *Vulkan Verbund AG*. Darüber hinaus war ich für den Kauf von Osmium für den Bremer *Vulkan* Verbund auch gar nicht bevollmächtigt.«

Handschriftlich verfaßte er für die Akten eine »Chronologie der Aktivitäten«, die dem Versuch dienten, im Handel mit Osmium Isotop 187, nicht aktiv, eine Vermittlungstätigkeit auszuüben:

»Frühjahr 1994: Teilnahme an einem Vortrag, gehalten vom Geschäftsführer der *VVG Vertriebs- und Vermittlungsgesellschaft* Jena, Herrn Eichler, in Frankfurt/Main über Möglichkeit zur Teilnahme an Konversionsprogrammen der russischen Föderation.

Schema: Vermittlung beim Verkauf von lizenzierten Rohstoffen aus Rußland an westliche Abnehmer. Mit dem Erlös Einkauf von dringend benötigten Waren durch die russische Seite bei westlichen Firmen. Ein Produkt, über das gesprochen wurde, war Osmium Isotop 187, nicht aktiv. Es wurden Schreiben der entsprechenden deutschen Stellen vorgelegt, daß Osmium nicht unter das KWKG [Kriegswaffenkontrollgesetz] fällt und gehandelt werden darf. Diesem Treffen folgten im Abstand von je zwei Monaten noch zwei weitere Treffen.

Ende Juli 1994: Bitte von Herrn Eichler an mich, die *BVV AG* als Vermittler beim Verkauf von Osmium durch russische Anbieter an zugelassene Käufer (Enduser) einzuschalten.

Hintergrund: Die russische Seite wollte verhindern, daß die Ware Osmium unkontrolliert durch zahlreiche Broker vermarktet wird. Als Enduser waren laut Herrn Eichler u. a. Konzerne wie *General Electric, General Motors und IBM* sowie *NASA* und *ESA* interessiert. Die zu erwartenden Provisionen sollten dann den Ostbüros der *BVV AG* zufließen.

Ende Juli 1994 bis Oktober 1994: Erteilung von Mandaten Ausstellung von ICPO's (unwiderrufliche Kaufabsicht) und Versendung von Schreiben durch mich jeweils entsprechend Vorgaben von Herrn Eichler.

ICPO's wurden ausgestellt für *TMT Technology Management Transfer, KCT Kappius Consulting and Trading* sowie für die Firma *Aquina*. Alle ICPIO's sind, ohne daß sie zu konkreten Verträgen führten, infolge Befristung spätestens im November 1994 abgelaufen.

Am 29. 9. 1994 unterzeichnete ich ein trust agreement mit der Firma *Charleston Trading.* Am 11. 10. richtete ich gleichlautende Mandatsschreiben an die *VVG* und Herrn van Heerden. Alle unterzeichneten Dokumente dienten ausschließlich dazu, die *BVV AG* als Vermittler zwischen Verkäufer und Käufer einzuschalten.

Ende Oktober 1994: Information, daß ein Schreiben von *TMT* an den Vorstand der *BVV AG* gerichtet worden war, in dem *TMT* sich über «schleppende Umsetzung eines Vertrages zwischen der Firma Planeta und der *BVV AG* bezüglich eines Kaufs von 20 000 Gramm Osmium vom 14. 10. 1994» beschwerte. Dadurch erfuhr ich erstmals, daß die Herren Eichler und van Heerden ohne mein Wissen im Namen der *BVV AG* einen Kaufvertrag unterzeichnet hatten.

April 1995: Am Freitag, dem 21. 4. 1995 Anruf eines Herrn Enzweiler von der Zeitschrift *Capital* mit dem Hinweis, daß er über einige der oben genannten Unterlagen verfüge. In dem kurzen Telefonat habe ich entschieden dementiert, daß diese Unterlagen eine geplante Aktion des *Vulkan* belegen. Ich habe betont, daß ich ohne Kenntnis des Vorstands gehandelt habe. Falls Herr Enzweiler damit an die Öffentlichkeit ginge, würde er sich zum Werkzeug von Erpressern machen.«

Die Darstellung von Hendrik Born klingt wenig glaubhaft, was im übrigen auch seine Behauptung einschließt, er habe ohne Kenntnis des Vorstandes gehandelt. Zu dieser Auffassung gelangte auch das Wirtschaftsmagazin *Capital*, das wenig später einen von Tasso Enzweiler verfaßten Bericht veröffentlichte: »Nach der Iran Connection nun die Russen Connection. Hat der Konzern versucht mit angereichertem Osmium Millionen Profit einzustreichen?« Die Redaktion verwies auf vorliegende Dokumente; die ausgeführten Details stimmten exakt mit den Angaben in den

Papieren überein, die firmenintern an Karl Friedrich Triebold weitergeleitet worden waren – einschließlich Herstellungsart des Osmiums, Reinheitsgrad, russischer Anbieterfirma und ausgehandeltem Preis.

Vulkan-Chef Hennemann reagierte prompt. In einem Schreiben warf er dem Magazin vor, es habe den Namen der *Vulkan Verbund AG* mißbraucht. Alle Beteiligten seien sich bewußt, so Hennemann, daß die Bremer *Vulkan Verbund AG* »nicht wirklich Vertragspartner des Geschäftes sein sollte«. Unklar sei, »wie erreicht wurde, daß Herr Born Unterschriften geleistet hat, für die ihm Kompetenz und Befugnis fehlten.« Nur Born sei über die Vorgänge unterrichtet gewesen – so Hennemann

Doch diese Behauptungen sind falsch. Denn unter den Verträgen steht auch die Unterschrift des Born-Mitarbeiters Schlüter. Und der Zwischenhändler Lothar Kappius aus Hamburg erinnert sich, mehrmals beim *Vulkan* in Bremen zu Verhandlungen gewesen zu sein. »Born und ich haben der Sekretärin Empfangsbestätigungen und eidesstattliche Erklärungen in den Computer diktiert. Kappius glaubt sicher sein zu können, daß Born nicht im Alleingang ein Milliardengeschäft machen wollte. Der *Vulkan* wollte sich damit sanieren.«

Auch für den Broker van Heerden war der Ex-Admiral kein Einzelkämpfer. Der Vorstand des *Vulkan* sei über die Geschäfte informiert gewesen: »Born hat mit Rückendeckung des Vorstands gehandelt.« Er selbst, so van Heerden, habe eine Vollmacht gesehen, die von Friedrich Hennemann unterzeichnet gewesen sei. Auch sonst überwiegen Widersprüche in der Darstellung des Falls. Karl Friedrich Triebold, der unmittelbar nach seiner Rückkehr aus dem Bundeskanzleramt die Anwälte der *Vulkan AG* eingeschaltet hatte, staunte nicht schlecht über das erste Ergebnis der beauftragten Kanzlei. »Die mühevollen Recherchen zwischen Moskau, Kiew und Chur«, so Anwalt Köhler, hätte man sich sparen können. Die Kaufverträge seien bei einem Kollegen in der *Vulkan* Kanzlei entstanden. »Kollege Breithaupt, das juristische Gewissen des BVV [Bremer *Vulkan Verbund AG*; Anm. d. Verf.] hat die Verträge mitformuliert.«

Bei den Untersuchungen gegen Hendrik Born stellte sich heraus, daß der Ex-Admiral nicht nur, wie das Wirtschaftsmagazin *Capital* berichtet hat, mit den Brokern Eichler und van Heerden Geschäfte gemacht hat. Vielmehr spielt offenbar eine ganze Kette von Zwischenhändlern eine Rolle und die Ware nahm ihren Weg aus dem Lager von *Planeta* am Schwarzen Meer über den europäischen Schwarzmarkt, ein *Storehouse Ltd. Sweden* in Hanninge, von dort über die Firma *Nissen und Peterren* im dänischen Kastrup nach Hamburg. Am 17. Oktober 1994 hatte Born dem Broker Lothar Kappius eine Empfangsbestätigung für zwei Depotscheine, eine Proformarechnung und eine eidesstattliche Erklärung übergeben.

In der eidesstattlichen Erklärung für eine unwiderrufliche Kaufabsicht (ICPO) des Bremer *Vulkan* versichert Kappius dem Partner Born die Lieferung von »Osmium 187, Origin Russia (aus Dokument SAD 3) Anreicherungsgrad 99,4% bis maximal 99,6%, chemische Reinheit mindestens 99,95%. Lieferform vier Ampullen 200 bis 400 Gramm. Angebotsmenge 1703 Gramm, Depotschein vom 28. Juni 1994, sowie sieben Ampullen, 550 bis 650 Gramm. Depotschein vom 26. 9. 1994. 4057 Gramm zum Preis von 63 000 Dollar Netto für den Verkäufer *(Storehouse Sweden)*.« Daneben garantiert das Dokument, daß die Ware

»frei von Rechten Dritter« ist und daß eine westliche Analyse für den 21. Oktober in Auftrag gegeben sei.

»Weiterhin versichern wir an Eides statt, daß die Ware physisch vorhanden ist und zur Übernahme bereit steht. Die originalen Depotscheine sind in unserer Hand.« Außerdem bestätigt Kappius, Verkäufer beziehungsweise Mandatsträger zu sein.

Die Ware befinde sich versiegelt im zollfreien Lager, werde dort bis zum 27. Dezember aufbewahrt und nur gegen diese Dokumente herausgegeben. Das komplizierte Verfahren erklärt sich aus dem hohen Wiederverkaufswert der Ware. Nur die zollfreien Lager gewährleisten, daß die Eigentümer die Ware nicht mehr austauschen können. Sie ist doppelt versiegelt, einmal von dem Analytiker, der das Osmium auf Reinheit überprüft hat; zum anderen vom Zoll, der das Siegel des Analytikers überprüft hat.

So kurios die Geschichten klingen, so selten die Ware ist, so seltsam sind die Menschen, die mit ihr Geschäfte machen – oder machen wollen. Und wie es der Zufall will, taucht neben einer Anzahl dubioser Hintermänner aus dem Hinterland der ehemaligen GUS-Staaten auch der Name von Karl Friedrich Triebolds Lebensgefährtin auf – dieses Mal im Zusammenhang mit einem ihr sehr lieben guten alten Freund namens Ferry Posch. Der Deutsch-Ungar hatte Jutta Simon während der siebziger Jahre in den Arabischen Emiraten kennengelernt, als die Simon Waffen an die Scheichs verkaufte, während er selbst die Polizeikräfte aufrüstete. Der 85jährige Posch, Freimaurer und ehemaliger Canaris-Agent, hatte nach dem Zweiten Weltkrieg elf Jahre in russischer Gefangenschaft verbracht. Heute schmückt er sich, gelassen in seinem Freilassinger Reihenhaus sitzend, mit fragwürdigen Beziehungen vor allem nach Osteuropa. Angesprochen auf seine Kontakte zum Osmiumhandel bietet er an: »Innerhalb von 24 Stunden liefere ich Ihnen ein Kilo, geprüft und versiegelt. Wenn nicht, zahle ich Ihnen hunderttausend Mark bar auf die Hand.«

Dieselbe Wette wird Ferry Posch an einem Herbstabend 1996 auf einer Almhütte des wirtschaftspolitischen Jetsets von Deutschland noch einmal anbieten. Einer in der illustren Runde glaubt seinen Ohren nicht zu trauen – Karl Friedrich Triebold, an seiner Seite Jutta Simon. Klein ist die Welt, wo es um zweifelhafte Geschäfte geht.

Der Untergang

Das sind die saubern Neuigkeiten,
Wo aus der Kehle, von den Saiten
Ein Ton sich um den andern flicht.
Das Trällern ist bei mir verloren,
Es krabbelt wohl mir um die Ohren,
Allein zum Herzen dringt es nicht.

(Mephisto/Faust II, II. Akt)

Sirenenklänge und Sand in den Augen

1995, das Jahr der Dividendenversprechung. Friedrich Hennemann hat abgehoben, aber nicht nur deshalb wird es einsam um ihn. Vorstandsmitglieder, die ihm kritisch gegenüberstanden, hat er rausgeekelt oder vom Vorsitzenden des Aufsichtsrates ihrer Posten entheben lassen: Professor Manfred Timmermann, Anton Schneider, Udo von Stebut, Henner Meckel – die Liste läßt sich verlängern. Sogar der Aufsichtsratsvorsitzende Scheider wurde unter Mithilfe des Bremer Bürgermeisters Wedemeier wieder hinauskomplimentiert. Hennemanns Erzrivale und Stellvertreter Karl Friedrich Triebold ist auf ein Nebengleis geschoben, wo er sich mit strategischen Planungen befaßt, die kaum jemand ernst zu nehmen gedenkt, am allerwenigsten Hennemann.

Als Folge des Machtkampfes blieben wichtige Reformvorhaben auf der Strecke: Das Schiffbaukonzept mit seinen Konzentrations- und Rationalisierungsprogrammen wurde nicht konsequent verwirklicht. Anton Schneiders Finanzplan wurde nur halbherzig angepackt, die Alarmrufe der Controller überhört. Längst laufen die Kosten aus dem Ruder, und nicht zuletzt die Sonderwünsche und Eskapaden Friedrich Hennemanns verschlingen astronomische Summen. Mit mehr als 30 Millionen Mark erreichen sie fast die Höhe des für 1994 ausgewiesenen *Vulkan*-Gewinns. Unter anderem genehmigte sich Hennemann für das Domizil der *Vulkan Verbund AG* am Bremer Domhof einen eigenen Treppenaufgang, der ohne Umwege direkt in das Chefzimmer führte, und einen persönlichen Fahrstuhl gleich mit dazu. Unverantwortlicher Größenwahn angesichts unübersehbarer Krisensignale. In der Presse indes scheint das Bild noch ein anderes zu sein.

»Werften im Westen erstaunlich gut ausgelastet«, schreibt im Januar 1995 die *Süddeutsche Zeitung.* Der Schiffbau-Verband verzeichnet einen Anstieg in den Auftragsbüchern der Werften von 6,3 auf 7,5 Milliarden Mark. Verbandspräsident Heinz Ache rechne mit einem Auftragsvolumen von mehr als 15 Milliarden Mark im Jahr 1998. »Die Werften schwimmen sich frei«, melden zur selben Zeit die *Kieler Nachrichten*. Und die *Woche* titelt: »Wieder Wasser unterm Kiel. Der deutsche Schiffbau meldet sich zurück.« Und der *Spiegel* schwärmt: »Unternehmen aus Bremen und aus Oslo beherrschen Ostdeutschlands Werftenindustrie. Mit über sechs Milliarden Mark Subventionen verwandeln sie die veralteten DDR-Werften zu den modernsten Schiffbaubetrieben Europas. An der Küste geschieht, was in keiner anderen Industrie gelang: Der Osten überholt den Westen.« Nirgends in den neuen Bundesländern werde ein alter industrieller Kern so perfekt auf Westniveau gebracht, wie zwischen Wismar und Wolgast. »Die Ostwerften sind die modernsten der Welt.« So ging es durch's Frühjahr. Am 26. April 1995 meldete *Die*

Welt, der *Vulkan* habe die Wende geschafft: »Alle drei Konzernbereiche haben im operativen Ergebnis schwarze Zahlen geschrieben. Vor dem Aufbruch zu neuen Ufern hat sich der *Vulkan* auf Idealgewicht getrimmt.« Mit Abschluß eines 1,8 Milliarden Investitionsprogramms sei der *Vulkan* als westöstlicher Schiffbauverbund auch ohne staatliche Hilfe weltweit konkurrenzfähig, wird Friedrich Hennemann zitiert. Und der Kommentator Jan Brech fragt sich: »Ein Wunder an der Weser?« – Ein kleines Fragezeichen immerhin. Die Geschichte, von der es zu berichten galt, schien gar zu märchenhaft. Und war es auch. Gleichwohl sah selbst die *Frankfurter Allgemeine Zeitung* sich veranlaßt, positiv über Hennemann und den *Vulkan* Verbund zu berichten.

»Der *Vulkan* Verbund«, so die *FAZ*, »sieht sich solide gerüstet, trotz der hohen Investitionen – allein im Osten werden von 1993 bis 1997 rund 1,8 Milliarden Mark investiert. Am Ende des Berichtsjahres verfügte die Gesellschaft trotz Abbaus der Verbindlichkeiten um 537 Millionen Mark (die Bankverbindlichkeiten liegen damit jetzt unter 600 Millionen Mark) und Sach- sowie Finanzinvestitionen von 957 Millionen Mark.«

Niemand hatte Friedrich Hennemann zu diesen Aussagen provoziert. Er hat die Angaben aus freien Stücken gemacht, ob aus Überzeugung, darüber rätseln noch heute die Experten. Nach wie vor behauptet er, zum Zeitpunkt seiner Aussagen habe alles dem ihm bekannten Sachverhalt entsprochen und beruft sich dabei auf die Testate der Wirtschaftsprüfer.

Die Wirtschaftsredakteure immerhin zeigen sich beeindruckt und übernehmen brav die Zahlen aus dem Jahresabschluß: Die Gesamtleistungen steigen um 10,8% auf 5,9

Milliarden DM. Allein der Anlagen- und Maschinenbau um 50%! Der Jahresüberschuß gar um 435% von minus 191 Millionen aus dem Vorjahr auf 57 Millionen. Auch das Eigenkapital macht einen guten Eindruck mit einem Anstieg um 28% auf 1,4 Milliarden Mark. Die Quote liegt damit überdurchschnittlich bei 25%. Und das Minus steht da, wo es aus Sicht der Shareholder stehen muß: Minus 9% bei der Mitarbeiterzahl.

An keiner Stelle allerdings, in keiner der großen Wirtschaftszeitungen, noch nicht einmal im *Handelsblatt*, analysieren die Journalisten die Bilanz, um herauszufinden, *wie* es der *Vulkan* geschafft hat, so schnell aus den Miesen heraus zu kommen. Ein Blick in die Bilanz hätte ergeben, daß das positive Ergebnis im wesentlichen durch Inanspruchnahme und Verrechnung von Restrukturierungsmaßnahmen sowie Rückstellungen erreicht wurde. Diese Rückstellungen waren bis zum 31. Dezember 1993 auf 1,2 Milliarden Mark angewachsen. Ende 1994 waren davon im Konzernabschluß nur noch 351 Millionen bilanziert. Die Auflösung und das Jonglieren mit solchen Rückstellungen gehörte zum maßgeblichen Instrument der Bilanzgestaltung beim *Vulkan*.

Friedrich Hennemann und sein Kontrahent Triebold steckten in dieser Situation bereits so tief im Morast, daß es nicht verwundert, wenn Triebolds Vasall und Privatsekretär in Bonn, Heiko Schulze, in geheimer Nacht-und-Nebel-Aktion zwei Umzugskartons voll von Vorstandsprotokollen aus Bremen nach Köln in die Redaktion eines deutschen Wirtschaftsmagazins karrt. Die Kisten für *Capital* sind von so großem Wert, daß der Redakteur Tasso Enzweiler den Ludwig-Erhard-Journalisten-Preis für »Die Akte Vulkan« erhält: *Capital* gelangt in den Besitz von mehr als 1000 Seiten interner Vorstandspapiere, Aufsichtsratsprotokolle und Verträge des Werftenverbundes. Die Auswertung ergibt ein schlimmes Bild: Es wurde gelogen und betrogen, getäuscht und vertuscht. Vorstand und Aufsichtsrat haben auf ganzer Linie versagt.

Zuvor hatte schon das *Manager Magazin* vergeblich versucht, Hennemanns Finanzkünste zu entzaubern. Die Informationen schienen in der deutschen Wirtschaftslandschaft jedoch nur einen aufzuregen, den Betroffenen selbst. *Manager Magazin* Redakteur Sören Jensen erinnert sich, wie ihn Hennemann eines Tages ins feine Hamburger Atlantik Hotel einlud und mit der Frage konfrontierte, was er eigentlich gegen ihn habe. Was er schreibe, sei ja grundsätzlich richtig. Doch wie liege denn das öffentliche Interesse, solange er sich im legalen Bereich bewege.

Jensen erkannte schon 1991 in Hennemann einen Struktur- und Arbeitsmarktpolitiker, »der auch alle Tricks kennt, den Vermögenstransfer so geschickt zu gestalten, daß die über die Subventionshöhe wachende EU-Kommission kaum einmal ein Haar in der Suppe findet.« In der Tat hatten die Brüsseler Dumpingwächter seit Anfang der achtziger Jahre bei zehn Verfahren nur in zwei Fällen klare Verstöße nachweisen können. Nicht viel anders dürften die Prüfungen der Verwendung jener 850 Millionen Ostgelder der Mecklenburgischen Werften verlaufen, die im Strudel des *Vulkan* Konkurses versunken sind.

Als Beispiel für den bremischen Einfallsreichtum nannte das *Manager Magazin* ebenfalls bereits 1991 die eigenwillige Verwendung von Werftbeihilfen: Die Werft gibt die Subventionen zum großen Teil nicht als Preissenkung, sondern als längerfristiges Darlehen oder als stille Beteiligung an die Schiffseigner weiter. Das erspart dem *Vulkan* den sonst fälligen Verlustausweis.

Ein weiteres Beispiel: Die landeseigene *Industrie-Beteiligungs-Gesellschaft* (HIBEG) übernimmt Schiffsbeteiligungen des *Vulkan* trotz erheblicher Risiken zum Nominalwert (255 Millionen Mark). Diese Schiffsbeteiligungen hatte der *Vulkan* nur deshalb zum Nominalwert bilanzieren können, weil das Land Bremen sie über die *HIBEG* mit einer Werthaltigkeitsgarantie unterlegt hatte.

Sören Jensen: »Ein aberwitziges Geschäft. Das Land garantiert den Wert – um dann selbst den hohen Preis zu zahlen.« Die Methode der Preisfindung ist in einem Protokoll des Bürgerschaftsausschusses nachzulesen: Der Betrag ergibt sich anhand des Liquiditätsbedarfs beim Bremer *Vulkan*.

Das *Manager Magazin* deckte auch die unkonventionellen Finanzmethoden beim Bau von Schiffen auf: Hennemann nutzte für den Schiffbau bestimmte Wettbewerbshilfen, um Löcher an anderen Stellen im Hause zu stopfen. Die Auftraggeber, denen die Zuschüsse zustanden, erhielten statt dessen Darlehen oder Schiffsbeteiligungen.

Den Trick dabei fand Jensen heraus: Ein Zuschuß wäre für die Werften verloren, ein Darlehen oder eine Beteiligung aber ließ sich ertragswirksam aktivieren. Hätten die Werften auf das Eingehen der stillen Beteiligungen verzichtet und in gleicher Höhe den Baupreis gemindert, hätte sich rein liquiditätsmäßig ihre Situation nicht verschlechtert. Sie hätten aber in Höhe der nicht eingegangenen Beteiligungen einen bilanzmäßig auszuweisenden Verlust zu verzeichnen gehabt. Hennemanns Bestreben aber war es, mit allen Mitteln Verluste wegzupolieren.

Die statt eines Verlustes in gleicher Höhe anstehende Liquiditätslücke deckte die Werft zur Hälfte durch die Hausbank, zur anderen Hälfte aus vorhandenen Mitteln.

Die Hennemannschen Künste, mit Zuschüssen zu jonglieren, bewegten sich Anfang der neunziger Jahre im zweistelligen Millionenbereich, sie sollten schon bald in Milliardenhöhen aufsteigen, wenn – wie zu jener Zeit das *Manager Magazin* nur vermuten konnte – der *Vulkan*-Chef wenige Monate später seinen Eroberungsfeldzug in Mecklenburg-Vorpommern starten sollte. »Nun strebt er wohl auch noch eine Beteiligung an der maroden Rostocker *Deutsche Maschinen- und Schiffbau AG* (DMS) an.« Der Mann wolle, so spottete der ehemalige *Blohm-und-Voss*-Chef Eckhard Rohkamm, eine »Ruhrkohle See« aufbauen. Einen Konzern, der Schiffe auf Halde produziere und einen so mächtigen Arbeitsfaktor darstellt, daß nach Sinn oder Unsinn von Subventionen gar nicht mehr gefragt wird.

All diese Prognosen stammen aus dem Jahr 1991. Schließlich hatte Friedrich Hennemann solche Ratschläge auch schon zu Amtsantritt von seinem Promotor Grobecker und seinem künftigen Betriebsrats Vorsitzenden Kalli Schönberger mit auf den Weg bekommen. Der *Vulkan*-Chef konnte sich solange daran halten, bis die marktwirtschaftlich orientierte CDU ins Rathaus einzog. Sobald sie an der Macht war, hatte es ein Ende mit der Politik des Kaufens von Arbeitsplätzen aber auch ein Ende mit dem Kauf von Schiffen.

Auch diesen Trick hatte Jensen 1991 aufgedeckt: Unter der Patenschaft der Landesregierung Bremen wurden 1987 die *Senator Line GmbH & Co KG* ins Leben gerufen, um als Charterer einen Containerdienst rund um die Welt zu betreiben, maßgeblich beteiligt war der Bremer *Vulkan*. 1990 kam als Kooperationspartner die *Deutsche Seereederei Rostock* (DSR) hinzu. Da die *DSR* über keine

Schiffe verfügte, die den Ansprüchen der Bremer genügten, wurden sie beim *Vulkan* bestellt. Vier Jahre später kauft der *Vulkan DSR*. Und weitere vier Jahre später – der *Vulkan* ist längst pleite – scheidet Claus Grobecker aus dem Reederei Vorstand aus – mit einem kleinen Abschiedsgeschenk in Höhe von fünf Millionen Mark, ein Aktienpaket, das er als künftiger Schiedsrichter zwischen den anderen Anteilseignern erhält. *Vulkan* Connection überall.

Im Pleitejahr des *Vulkan* hatte sich ganz Bremen aufgeregt über einen Bittbrief des ehemaligen Finanzsenators an seinen Freund Friedrich, er stünde für den einen oder anderen Aufsichtsratsposten zur Verfügung. Almosen für Grobecker? 1998 regt sich darüber niemand mehr auf, daß da jemand dem verdienten Sozialdemokraten unter die Arme gegriffen hat. »Dem Bremer *Vulkan* braucht niemand unter die Arme zu greifen«, tönte Friedrich Hennemann noch im September 1994. Wieder war es das *Manager Magazin*, das ohne Folgen und öffentliches Aufsehen das Gegenteil bewies: Mit dem Wink, es seien ja bald Wahlen, wollte Hennemann dem Bremer Senat 200 Millionen Mark aus dem Landessäckel locken. Für 30 Millionen sollte das Land *Vulkan*-Grundstücke kaufen, für 70 Millionen Schiffsbeteiligungen übernehmen, 50 Millionen verlangte der *Vulkan*-Chef als Ausgleich dafür, daß in Deutschland die nach EU-Normen zulässigen Wettbewerbshilfen nicht voll ausgeschöpft werden. Weitere 50 Millionen wollte der *Vulkan* in Form einer Kapitalerhöhung oder eines Kapital ersetzenden Darlehens selbst einbringen. Dreist war freilich, was Hennemann als Eigenleistung deklarierte: Die *Vulkan* Beteiligungen an der Bremer *Klöckner Hütte*. Die hatte das Land finanziert, als es dem *Vulkan* Schiffsbeteiligungen für 50 Millionen Mark abnahm. Bremer Roulette. Mit Schiffsbeteiligungen sind die Spieler an der Weser immer auf der Seite der Gewinner. Allerdings wären diese Finanzmanipulationen nicht mit den Spielregeln der EU-Kommission vereinbar gewesen. Nun sollte Hennemann noch einmal nachdenken, empfahl das *Manager Magazin* im Dezember 1994.

Friedrich Hennemann dachte nach, gemeinsam mit seinen Vorstandskollegen in einer Krisensitzung. Die Hausanwälte formulierten eine Gegendarstellung. Doch die wurde nie abgeschickt. Hennemann vermutete seine Gegner im Norden, in Hamburg, Kiel und Emden bei *Howaldt* und *Thyssen, Blohm und Voss.* Daß sie vielleicht auch in den eigenen Reihen sitzen könnten, schien dem *Vulkan*-Chef damals eher unwahrscheinlich. Wer sollte es auch wagen, sich gegen ihn aufzulehnen. Dennoch wurde beschlossen, zur Abwehr solcher Angriffe eine eigene PR-Agentur ins Leben zu rufen. Hennemanns Freundin Astrid Wiener mußte ran. *Quadro* wurde geboren. Solche Nachrichten wollte der Vorstandsvorsitzende nicht mehr lesen.

Wie nötig eine solche eigene PR-Abteilung war, zeigte sich insbesondere im Jahr 1994, als die Finanzpolitik von Hennemann vornehmlich das Ziel hatte, Verluste zu kaschieren. Die Hamburger Gutachter von *Susat und Partner* kommen in einem streng vertraulichen Bericht zu dem Ergebnis, der Vorstand der *Vulkan Verbund AG* habe die Ertragslage des Konzerns für dieses Geschäftsjahr unangemessen positiv dargestellt. Die Ermessensspielräume seien eindeutig bis an die oberste Grenze ausgenutzt, der Grundsatz von Wahrheit und Klarheit bei der Berichterstattung verletzt worden. Zwar seien im Anhang Angaben enthalten, die das positive Gesamtbild relativierten.

Diese allerdings seien nur einem sachverständigen Leser verständlich: zum Beispiel Angaben über Restrukturierungsaufwand und dessen Behandlung, erfolgsneutrale Firmenwertverrechnung, Höhe und Art der außerordentlichen Posten.

Die konzerneigenen Abschlußprüfer beim *Vulkan* lassen solche Kritik nicht gelten und verweisen statt dessen auf die Öffentlichkeitsarbeit des Konzernchefs, auf die sie in der Tat keinen Einfluß hatten. Im übrigen, so die Wirtschaftsprüfer, sei ihr Testat kein Gütesiegel für den Zustand des Unternehmens, sondern lediglich für die Rechtmäßigkeit des Abschlußberichtes. – Auch so kann man die Angelegenheit sehen. Immerhin führte das Dossier der Wirtschaftsprüfer dazu, daß die *Deutsche Bank* ihren Kunden noch im Juli 1995 *Vulkan*-Aktien zum Kauf empfohlen hat. Die 50-Mark-Aktie war im Verlauf des Frühjahrs 1995 zeitweise von 80 auf 90 Mark geklettert, bevor sie ein Jahr später auf 2,20 Mark abgestürzt war.

Einbrüche allenthalben

Früh hatten die Alarmglocken geläutet in dem angeblich so günstigen Jahr. Laut Planung war ein Umsatz von sechs Milliarden vorgesehen. Schon nach den ersten Monaten aber war zu befürchten, daß dieses Ziel aufgrund schleppender Auftragseingänge nicht zu halten war. Bereits im April fehlte eine ganze Monatseinnahme. Da keine Änderung in Aussicht stand, konnte Friedrich Hennemann davon ausgehen, daß seine Rücklagen spätestens im Sommer aufgezehrt sein würden. Die Liquidität indes versickerte noch schneller, da auch der Maschinenbau bei *Dörries*

Scharmann einen unerwarteten Einbruch erlitt. 100 Millionen Mark Minus meldeten die Mönchengladbacher im ersten halben Jahr. Und dabei sollte es nicht bleiben.

Doch Hennemann schien die Signale nicht wahrzunehmen. Auch dann noch nicht, als sich die Hiobsbotschaften beinahe im Wochenrhythmus häuften. Der eben erst verabschiedete Finanzplan des inzwischen von Bord gegangenen Anton Schneider war längst aus dem Ruder gelaufen. Als die Zeitungen im April meldeten, der *Vulkan* habe wieder Wasser unterm Kiel, war längst Ebbe in den Kassen. Schon am 2. Februar 1995 schreckte die Finanzabteilung den Vorstand mit Abweichungen auf, denen zufolge sich der Netto Cash Flow gegenüber dem ursprünglichen Plan um 692,9 Millionen verringere, also um ein ganzes Drittel.

Eine Woche später, am 9. Februar, sagten die Controller für die zweite Hälfte des Jahres eine negative Finanzposition infolge hoher Mittelabflüsse voraus. Eine Entwicklung, die verursacht wurde durch die Einnahme-Unterdeckung aus dem laufenden Geschäft, sowie die Ausgaben für Investitionen und den Erwerb neuer Schiffsbeteiligungen.

Wiederum eine Woche später, am 17. Februar, bestätigt das Controlling die Befürchtung des Umsatzrückgangs, der im Januar noch höher ausgefallen war als befürchtet, nämlich um 63%. Friedrich Hennemann berührt das alles nicht. Er beschäftigt sich nach wie vor mit positiven Zahlen, läßt sich noch Ende März Jahresabschluß und Konzernabschluß genehmigen und von den Wirtschaftsprüfern mit den uneingeschränkten Bestätigungsvermerken versehen, um im April zu verkünden, die Umsatzentwicklung habe sich »in etwa« (!) planmäßig entwickelt, »so daß wir nach Abschluß der ersten drei Monate keinen Anlaß sehen, die günstige Ertragsprognose des laufenden Jahres zurückzunehmen.«

Einzig Karl Friedrich Triebold drängte den Vorstand, eine Überarbeitung der Planung für 1995 vorzunehmen. Friedrich Hennemann aber gab die Order an alle Bereiche aus, wonach man binnen sechs Wochen auf die alten Planungswerte zurückkommen sollte. Ein utopisches Ziel. Gleichwohl meldeten alle Bereiche nach Ablauf der Frist Vollzug.

Mit Ausnahme der Controller. Die bestätigten am 13. April die Warnungen Triebolds und vermeldeten für das erste Quartal einen Umsatzrückgang von 37%. Doch kein Wort davon auf der Bilanz-Pressekonferenz vierzehn Tage später. Hinter den Kulissen freilich muß dringend Geld beschafft werden. Selbst der Vorsitzende des Aufsichtsrates, Schäffler, engagiert sich in diesem Sinn. Am Rande einer Sitzung von *Airbus* in Hamburg droht er dem Bremer Bürgermeister Wedemeier: Sollte das Land nicht bald die geforderten 200 Millionen Mark für das Schiffbaukonzept Unterweser überweisen, sehe sich der *Vulkan* veranlaßt, im Alleingang ein Konzept zu beschließen. Man sei schließlich nicht auf die Werften in Bremen angewiesen. Notfalls werde man eben nur noch im Osten Schiffe bauen. So wird es – wenn auch unfreiwillig – ein Jahr später dann auch kommen.

Die Prognosen für eine mittelfristige Finanzplanung werden zunehmend kritischer. Für das zweite Quartal war eine positive Nettofinanzposition von 150 Millionen Mark vorgesehen. Bereits im Mai hingegen wurde für diesen Zeitraum eine deutlich negative Nettofinanzposition von minus 295 Millionen Mark vorausgesagt.

Hausintern und streng geheim warnen die Controller:

Falls die Mittelzuflüsse, die im wesentlichen auf Maßnahmen des Schneiderschen Finanzkonzeptes beruhen, nicht realisiert werden könnten, werde der *Vulkan* voraussichtlich ab Ende 1995 dauerhaft auf die Aufnahme von Bankkrediten angewiesen sein. Insbesondere die Schiffsbeteiligungen müßten im Wert wie vorgesehen verkauft werden und alle *Treuhand*-Mittel für die *MTW Werft* rechtzeitig freigegeben werden. Die im Planungsverlauf jeweils für den gesamten Verbund ausgewiesene Liquidität darf nicht darüber hinweg täuschen, daß der *Vulkan* im Rahmen des Central Cash Management bereits kurzfristig auf zusätzliche Bankkreditlinien angewiesen sein wird. Spätestens jetzt muß jeder in der Geschäftsführung erkannt haben, daß schon bald die Löhne und Gehälter nicht mehr bezahlt werden konnten. Oder sollte das Papier der Controller so streng geheim gewesen sein, daß es selbst der Vorsitzende nicht zu lesen bekam? Verblüffend ist einerseits, mit welcher Kaltschnäuzigkeit und Gelassenheit Friedrich Hennemann in der Öffentlichkeit genau das Gegenteil dessen erzählt, was ihm seine Controller vorgelegt hatten; andererseits, daß der Vorstand im Juni 1995 die Firma *Boston Consult* beauftragt, auf der Basis des vorhandenen Finanzkonzeptes eine Analyse der aktuellen Finanzposition des Konzerns, eine Bewertung der bestehenden Planungsrisiken sowie den Entwurf eines Maßnahmenkatalogs zur Optimierung des Cash Flow zu erarbeiten. Anlaß seien die »Veränderungen der allgemeinen wirtschaftlichen Rahmendaten und Planabweichungen bei verschiedenen Konzernbereichen«.

Ein ebenfalls geheim gehaltenes Sonderprotokoll vom 3. Juli 1995 vermerkt einen unmittelbaren Handlungsbedarf aufgrund drohender Liquiditätsrisiken. Gemäß den

Berechnungen von *Boston Consult* fehlten 1,1 Milliarden Mark. Der Vorstand war entschieden anderer Meinung und wischte auch diese Warnung vom Tisch. Nicht einmal für den Fall, daß alle Katastrophen gleichzeitig einträten, seien solche Summen realistisch. Dabei war der schlimmste Fall zu diesem Zeitpunkt bereits eingetreten: Annähernd eine Milliarde Mark waren bis dato von den Tochterunternehmen aus dem Osten in das Central Cash Management eingezahlt worden. Niemand jedoch scheint realisiert zu haben, daß diese Geldmittel zu einem nicht unerheblichen Teil zur Begleichung von Verlusten im Westen verbraucht worden sind.

Ende Juni lassen sich die Verluste nicht mehr übertünchen. Der Halbjahresbericht vermeldet 27,4 Millionen Mark Minus zwischen mühsam aufgepeppten Erfolgsmeldungen: »Sehr geehrte Damen und Herren Aktionäre, nach dem erfolgreich verlaufenden Geschäftsjahr 1994 steht auch im laufenden Jahr 95 die weitere Verbesserung der Ertragskraft unseres Kerngeschäfts im Mittelpunkt der Aktivitäten des Vorstandes.«

Die Aktivitäten des Vorstandes bestehen zur Zeit der Veröffentlichung darin, die finanzielle Lage des Konzerns durch Auslandskredite zu verbessern. Finanzvorstand Rüdiger Zinken führt Gespräche mit *Lehmann Brothers* in London, geplant ist eine Kreditaufnahme von 300 Millionen Mark ohne Sicherheiten im Wege des »private placement«. *Lehman Brothers* will sich weltweit um entsprechende Unterstützung bemühen.

Währenddessen steht in Bremen am 29. Juni 1995 die Hauptversammlung der *Vulkan Verbund AG* an. Und Friedrich Hennemann schwärmt von einer Liquidität in Milliardenhöhe. Rein zahlenmäßig schien die ja auch gegeben. Doch waren dabei Bankkredite für langfristige Projekte und Betriebsmittel in Höhe von 577 Millionen enthalten. Und auch über die sogenannte Nettofinanzposition in Höhe von 498 Millionen Mark konnte der *Vulkan*-Chef nicht frei verfügen. Denn 473 Millionen Mark in Form von *Treuhand*-Geldern für die *MTW* Werft lagen auf einem Sperrkonto, noch nicht freigegeben von der EU in Brüssel.

Erst im Anschluß an die Hauptversammlung spielt auf der Sitzung des Aufsichtsrats das blockierte Geld auf dem *Treuhand*-Konto eine Rolle. Friedrich Hennemann nennt die Brüsseler Blockade als »entscheidenden« Grund für die Liquiditätsschwierigkeiten der *Vulkan AG*. Ein Investitionsstopp bei den Ostwerften müsse erwogen werden. Gleichsam nebenbei erwähnt der *Vulkan*-Chef die ebenfalls schlechteren Ergebniserwartungen im Unternehmensbereich Maschinen- und Anlagenbau.

Der vorgelegte Bericht über das erste Quartal von *Dörries Scharmann* wies eine Planabweichung von 40% aus. Der Brutto Cash Flow sank von 55 auf 22 Millionen Mark. Kein Wort jedoch über die drohende Liquiditätskrise. Statt dessen verweist Hennemann abermals auf das neue Finanzkonzept, »das die Gesellschaft insgesamt in die Lage versetzt, bei planmäßiger Entwicklung bis Ende 1996 auf zusätzliche Kredite weitgehend zu verzichten.«

Rettungsversuche im tobenden Sturm

Seit Juli 1995 also bemüht sich Friedrich Hennemann auf mehr oder weniger diskrete Weise um neues Geld. Fuchs im Formulieren, ändert er seine Rhetorik. Zwar spricht er nach wie vor davon, man sei auf die Banken nicht mehr angewiesen. Doch fügt er seit neuestem und beinahe unbemerkt hinzu: »In Deutschland.«

Auf einer Betriebsratsversammlung in Rostock schließlich kritisiert er öffentlich die deutschen Banken, die nichts vom Geschäft verstünden. Eine harsche Provokation, auf die zumindest die *Commerzbank* prompt reagiert. In einem Brief vom 7. August 1995 macht die Bremer Filiale auf Liquiditätsprobleme im Zusammenhang mit dem Bau des Luxusliners »Costa« aufmerksam. Ultimativ fordert sie den Vorstand auf, die gesamte Liquidität der Bremer *Vulkan Verbund AG* offen zu legen. Finanzvorstand Rüdiger Zinken wird aus dem Urlaub geholt. Friedrich Hennemann hat eine Krisensitzung noch für den späten Sonntagabend anberaumt.

Die *Commerzbank* zweifelt an der Finanzlage des Konzerns. Mehr noch: Sie weigert sich, einen bereits zugesagten Kredit für die Baufinanzierung des *Costa*-Schiffes auszuzahlen. Sicherheiten werden gefordert. Noch hat der *Vulkan* einiges zu bieten. Die Tochter *Atlas-Elektronik* ist mindestens eine Milliarde wert. Karl Friedrich Triebold schlägt vor, 49% davon befristet zu verpfänden, oder einen entsprechenden Anteil ins Ausland zu verkaufen, an *Thomson* zum Beispiel. Friedrich Hennemann bevorzugt die Abgabe von Schiffsbeteiligungen. Die stehen mit 442 Millionen Mark in den Büchern, wenn sie es auch nicht wert sind. Doch das muß man den Banken ja nicht sagen.

In einem vertraulichen Sonderprotokoll wird als Fehler eingestanden, daß Anton Schneider 1994 Bankverbindlichkeiten von fast 600 Millionen Mark zurückgeführt hat. Und zum ersten Mal vermerkt der Vorstand schriftlich, wenn auch geheim: Wegen Einnahmeverschiebungen fehlt rund eine Milliarde Mark. Hennemann beschwert sich, Zinken habe ihn nicht richtig und rechtzeitig informiert. Auch daß die Bank die Kreditlinie so tief gehängt habe, sei ihm neu. Dabei war es sein früherer Finanzvorstand Schneider, der die Linie um 300 Millionen zurückgefahren hat, bevor er sich von Bord meldete bei der *Vulkan Verbund AG* und zu *Deutz* nach Köln überwechselte. Es sind exakt diese 300 Millionen Mark, die jetzt in den Kassen des *Vulkan* fehlen. Absicht oder Zufall?

Man beschließt, einen Überbrückungskredit in dieser Höhe bei der *Commerzbank* zu beantragen, mit der Maßgabe, das ganze unter äußerster Verschwiegenheit zu behandeln und »die Informationen jener Banken, die nicht Vertragspartner sind, auf die wesentlichen Geschäftsbeziehungen des Verbundes zu beschränken, um eine unnötige, sogar negative Öffentlichkeit zu vermeiden.«

Tatsächlich erfährt die zweitgrößte Bank der Bremer *Vulkan Verbund AG*, die *Dresdner Bank* vorerst nichts von der Geldnot ihrer Klienten. Noch am 18. August besucht Hennemann den Vertreter der *Dresdner Bank* und Aufsichtsratsmitglied Bernd W. Voss, ohne über das Liquiditätsproblem in seinem tatsächlichen Ausmaß zu sprechen. Voss wird sich später darüber beklagen, daß »alles immer holterdipolter über die Bühne« gehen mußte.

Auch ihm legt Hennemann einen Antrag für einen 300-Millionen-Kredit vor. Seit dem 21. August laufen damit drei diesbezügliche Anfragen parallel. Als Sicherheiten werden unter anderem jene Schiffsbeteiligungen in Höhe von 442 Millionen angeboten, die an anderer Stelle zum Verkauf anstehen, um flüssig zu werden. Die restlichen 700 Millionen der Deckungslücke will der Vorstand zusammenkratzen, indem Investitionen bei den Werften im Osten durch die *Commerzbank* vorfinanziert und die mit diesen Investitionen geschaffenen neuen Werte mit mindestens 200 Millionen Mark beliehen werden.

Am 1. September 1995 erhält Hennemann eine Notiz von Karl Friedrich Triebold vorgelegt: »Mit der Vorbereitung verstärkter operativer Einflußnahme zur Verbesserung des Ergebnisses bitte ich nicht bis zum 17. September zu warten, sondern sofort zu starten.« Erstaunlich dezentes Anklopfen angesichts dessen, daß der Wassereinbruch bereits zu bedenklicher Schlagseite führt.

Am 4. September 1995 berichtet der Bremer *Weserkurier* über wachsenden Druck von seiten des Aufsichtsrats und Vertretern der Politik auf den Vorstandsvorsitzenden des *Vulkan* Verbundes Friedrich Hennemann. Auch ein Lokaljournalist lebt von seinen Beziehungen. Bei Horst Monsees, Autor des aufsehenerregenden Artikels, verhält es sich so, daß seine Lebensgefährtin im Büro des Bürgermeisters sitzt. Hennemann, so Monsees im *Weserkurier*, werde intern Führungsmangel und Rechenschwäche vorgeworfen. Der Mann müsse abgelöst werden. Viel Mut braucht es nicht für diese Initiative, denn Hennemann saß derweil in Peking und verhandelte mit der Regierung über maritime Zusammenarbeit.

Zwei Tage später, am 6. September, folgt die nächste Indiskretion. Auf den Finanzmärkten kursiert die Information, wonach der *Vulkan* knapp bei Kasse sei und die *Commerzbank* um 300 Millionen Mark angegangen habe. Prompt fällt der Aktienkurs von 75,50 auf 65 Mark.

Die Ereignisse überstürzen sich. Das Vorstandsmitglied der *Commerzbank*, Klaus Müller-Gebel, spricht öffentlich von einem »Problemchen«, wohlgemerkt für sein Geldinstitut, nicht für den *Vulkan*. Er nutzt die Gunst der Stunde, um das finanzielle Engagement seiner Bank abzusichern. Doch Vorschläge, wie Karl Friedrich Triebold sie gemacht hat, reichen nicht. Die Bank will mehr als nur 49% von *Atlas Elektronik*. Sie will alles. Und die Schiffsbeteiligungen dazu. Und auch alle übrigen Unternehmensbeteiligungen. Was noch nicht beliehen ist, soll verpfändet werden. Karl Friedrich Triebold sperrt sich. Der Mann stört – nicht nur Hennemann.

Am 7. September meldet sich die *Treuhand*-Nachfolgerin, die *Bundesanstalt für Vereinigungsbedingte Sonderaufgaben* (BVS) und beschwert sich über die schlechte Kommunikation mit dem *Vulkan*. Über das Unternehmen müsse man sich fast ausschließlich in den Zeitungen informieren. Das zeuge nicht von einer guten Zusammenarbeit. So habe man der Presse entnehmen müssen, daß der *Vulkan* einen 300-Millionen-Kredit benötige, obwohl doch im Central Cash Management mindestens 800 Millionen Mark vorhanden sein müßten. Die *Vulkan* Manager antworten vorsichtig: Eine Kreditaufnahme bedeute nicht, daß die 800 Millionen auf den Zentralkonten nicht vorhanden seien. Die Aussage war so lange richtig, wie der *Vulkan* aus eigenen Mitteln oder mit Hilfe von Bankkrediten die Summe jederzeit zurückzahlen konnte. Ende 1994 war das noch der Fall, selbst als Ostgelder in Westkanäle geflossen waren. Jetzt 1995 nicht mehr.

Der Vertrauensverlust war eklatant. Lieferanten setzten immer engere Zahlungsziele, verlangten schlußendlich sogar Barzahlung. Auftraggeber leisteten Anzahlungen nur noch gegen Gewährung von Sicherheiten. Davon gab es so gut wie keine mehr. Alles war verpfändet, verkauft oder versickert in riesigen Verlustlöchern à la *Dörries Schar-*

mann. Nur die *Commerzbank* hatte rechtzeitig zugelangt. Was nicht schwer fallen konnte, für die Verwalterin des Central Cash Management, der keine einzige Geldbewegung verborgen blieb.

Einer wird gewinnen – die Commerzbank langt zu

Als Hauptkreditgeber mit mehr als 600 Millionen war die *Commerzbank* von Gesetzes wegen verpflichtet, alle betriebswirtschaftlichen Angaben des Konzerns sowie die Bilanzen fachkundig zu analysieren. Wie gut man danach Bescheid wußte, zeigt der Aktionsplan von August 1995 bis zum bitteren Ende am 1. Mai 1996. Ein Maßnahmenkatalog wird abgearbeitet, dessen Bedeutung und Präzision erst im Nachhinein deutlich wird. Aber vielleicht ist auch hier alles von Zufällen gelenkt.

Jedenfalls gehen nun Fachleute ans Werk, die nicht nur etwas vom Geld, sondern vor allem etwas vom Konkursrecht verstehen. Die *Commerzbank* nutzt die Situation und macht sie zu ihrer und ihrer Aktionäre Chance. Der Werftenverbund scheint die Frankfurter Banker deutlich weniger zu interessieren als der Vorteil ihrer Aktionäre. Seit wenigen Monaten hält die Bank für die argentinische *Thyssen Linie* ein 1,4 Milliarden Aktienpaket.

Und plötzlich taucht an der Nordseeküste das Gerücht auf: *Thyssen* bereitet eine Verschmelzung der *Nordsee-Werke* Emden mit *Blohm und Voss* vor. Fernziel sei eine Kooperation mit der *Preussag*-Tochter *Howald HDW*, womit *Thyssen* und *Preussag* ein zweites deutsches Werftenkombinat bilden würden. »Der *Vulkan* stört dabei«, vermeldet der *Spiegel* lakonisch. »Auch wenn dies offiziell niemand sagen mag«, so schreibt am 4. September das *Handelsblatt,* »nimmt in Bremen der Druck auf die größte Schiffbaugruppe und ihren Vorstandsvorsitzenden Friedrich Hennemann zu. Der *Vulkan* soll sich auch ohne Führungsanspruch an den Planungen beteiligen.« Um an einer Gesamtlösung beteiligt zu sein, müsse notfalls ein neuer *Vulkan*-Chef gefunden werden. Der *Weserkurier* spricht die Personalfrage direkter an: »Nachdem die sozialdemokratische Alleinherrschaft an der Weser längst beendet ist, wird jetzt offenbar in den bisher politisch geführten Unternehmen Schluß gemacht mit Vetternwirtschaft und Versorgungsdenken.« Mit einem unkooperativen Hennemann verspiele man die Unterstützung der Großbanken.

Nun geht für einige Wochen eine Verwirrung durch die Presse, die im Nachhinein Erstaunliches zeigt: Je größer und vermeintlich fundierter die Zeitung, desto realitätsferner zeigt sie sich. Während das *Hamburger Abendblatt* bereits am 9. September die Mutmaßung wagt: »In Bremen bahnt sich eine der größten deutschen Wirtschaftsaffären an«, wundert sich die *Frankfurter Allgemeine Zeitung:* »Hennemann gilt in der Branche als ein sehr leistungsfähiger Manager.« – Gelinde gesagt war sie damit der Zeit hinterher. Immer eindringlicher warnen Anlageberater vor der *Vulkan*-Aktie. Sogar ein britisches Analysehaus wird mittlerweile mit dem Rat zitiert: »Nichts wie raus aus dem Papier.«

Für Friedrich Hennemann beginnen die letzten Tage eines längst verlorenen Kampfes um die Vorherrschaft auf dem deutschen, ja auf dem europäischen Schiffsmarkt.

Als Gewinner steht zunächst die *Commerzbank* fest. Als Konsortialführer war sie an dem schließlich erteilten 300-

Millionen-Mark-Kredit lediglich mit 70 Millionen Mark beteiligt. Unbenommen dessen, ließ sie sich den milliardenschweren Tochterkonzern *Atlas Elektronik* als Pfand überschreiben, außerdem mußte der *Vulkan* seine Schiffsbeteiligungen mit einem Buchwert in Höhe von 442 Millionen, seine *Dörries-Scharmann*-Aktien sowie die Anteile an der *NSB Niederelbe Schiffahrt Gesellschaft* verpfänden und zusätzlich eine 300 Millionen Mark Bürgschaft abgeben. Mehr ging wirklich nicht.

Es wird einsam auf der Brücke

Am 11. September folgt das Eingeständnis des Untergangs und die Forderung nach personellen Konsequenzen. Aufsichtsratssitzung. »Heute hängen wir euern Hennemann«, scherzt ein Vertreter aus dem Arbeitgeberlager des Aufsichtsrates. »Und wir hängen euern Triebold«, antwortet Claus Grobecker, der gelernte Drucker, der seine Herkunft nie verleugnet hat und sich auch als Vertreter der Anteilseigner in erster Linie den Interessen der Arbeitnehmer verpflichtet fühlt.

Die Banken, so Grobecker, hätten ein ganzes Unternehmen als Geisel genommen: Wenn Hennemann nicht gehe, gebe es keinen Pfennig mehr. »Die machen Ernst«, hatte Grobecker seinem Freund Friedrich Hennemann gesagt. Und in der Tat: Die deutsche Werftenszene verliert an diesem denkwürdigen Tag ihre schillerndste Figur.

Nun sollte, so war es vorgesehen, Karl Friedrich Triebold an seine Stelle treten. Doch den Arbeitgebern im Aufsichtsrat fällt die Entscheidung offensichtlich nicht leicht. Einstimmigkeit war vereinbart worden, statt dessen:

Stimmenthaltungen auf ihrer Seite. Proteste auf der Gegenseite. Unterbrechung der Sitzung, Krisenrunde der Gewerkschafter mit dem Vorsitzenden IG Metall Nord, Frank Teichmüller. Die Arbeitnehmer drohen: Ohne Triebold kein Hennemann. Erpressung auf beiden Seiten.

Nach sieben Stunden fallen die Würfel. Triebold und Finanzvorstand Zinken werden mit sofortiger Wirkung entlassen. Ohne Gründe.

Und da niemand Triebold etwas vorzuwerfen hatte, wurde die Vertragserfüllung für den *Vulkan* eine der letzten, sehr teuren Angelegenheiten, freilich im Verhältnis zu dem Milliardenverlust im Geschäftsjahr 1995 eine zu vernachlässigende Größe. Aber auch dem Mann, dem sie diese Verlust vorwarfen, Friedrich Hennemann, warf man noch zwei Millionen hinterher, plus Dienstwagen und Büro für seine Bereitschaft, so lange im Amt zu bleiben, bis ein »geeigneter« Nachfolger gefunden sei. So lange allerdings hielt er es nicht mehr aus.

Der vom Aufsichtsrat angekündigte personelle Befreiungsschlag war eine Farce, zumal der Vorsitzende des Aufsichtsrates und Hennemann-Freund Schäffler verkündete, der *Vulkan* werde Hennemanns Werk fortsetzen. Und der Gefeuerte selbst begründete seinen Entschluß, er wolle mit seinem Rücktritt für Kontinuität sorgen und dem Aufsichtsrat Gelegenheit geben, in Ruhe und Verantwortung einen Nachfolger zu suchen. So blieb schließlich als kurzfristiges Ergebnis der Pseudo-Zäsur vom 11. September die Überweisung einer Rate des Kredits in Höhe von 110 Millionen Mark, vorgenommen durch die *Commerzbank* am 12. September. Mindestens genauso viel räumten die Banker allerdings bis Januar 1996 zu ihren Gunsten wieder von den *Vulkan*-Konten ab.

Knapp zwei Monate blieb Friedrich Hennemann noch an der Spitze des *Vulkan*, bis er im Rahmen der Aufsichtsratssitzung vom 15. November 1995 ohne Vorankündigung zurücktrat. Vor seinem endgültigen Rücktritt war Hennemann noch einmal für ein paar Tage nach Peking gereist. Nicht um seine liebgewonnene Dolmetscherin wiederzusehen, sondern um persönlich den Kooperationsvertrag zu unterzeichnen, den er mit Hilfe von Bundeskanzler Helmut Kohl eingefädelt hatte. »Wenn ich die Verhandlungen nicht zu Ende geführt hätte, wäre das ein Gesichtsverlust für meine chinesischen Partner gewesen.« Das war um so fürsorglicher, bedenkt man, daß sich zu Hause niemand mehr fand, der ihm selbst geholfen hätte, sein Gesicht zu wahren. Immerhin brachte ihm die Chinareise die Genugtuung, zwei Tage vor seinem Rücktritt einen Milliardenauftrag zu verkünden. Das Abkommen über die Zusammenarbeit mit der staatlichen *Werft Holding CSSC* garantierte der Bremer *Vulkan Verbund AG* für die kommenden fünf Jahre den Bau von sechs Eisenbahnfähren, darüber hinaus eine Kooperation in der Produktionstechnik.

»Jetzt droht eine Überlebensschlacht der Werftgiganten«, meldete der *Stern* einen Tag nach dem Ausscheiden von Friedrich Hennemann. Schon vorher waren Gerüchte zu hören, denen zufolge das Unternehmen kurz vor der Pleite stehe. Laut *Weserkurier* hatte *Dresdner-Bank*-Vorstand Bernd W. Voss dem *Vulkan* schriftlich bedeutet, daß die Grenze der Fremdverschuldung des Werften-Verbundes erreicht sei.

Der verbliebene *Vulkan*-Vorstand sah in den Artikeln den »vorläufigen Höhepunkt« einer Welle von Falschmeldungen. An der Börse bewirkte die angebliche Verleumdungskampagne den rapiden Sturz des Aktienkurses von 80 Mark im August auf 34 Mark im November. Eine Entwicklung, die eine »Aktionärsvereinigung Bremer *Vulkan*« aus Berlin zum Anlaß nimmt, 10 000 Mark als Belohnung auszusetzen für denjenigen, der Hinweise auf die Hintermänner und Hintergründe der Kampagne gegen den Bremer *Vulkan* Verbund liefern könne. Doch die Suche bleibt ergebnislos. Der Verdacht, wonach der Kurs der Aktie derart gedrückt werden sollte, damit ein Großaktionär sich billig einkaufen kann, erweist sich als falsch. Zwar haben allein in den Novembertagen 1995 8,4 Millionen Aktien ihren Besitzer gewechselt, bei einem Grundkapital von 14,6 Millionen Aktien also 57,66%. Ein gutes Geschäft allerdings haben die Käufer nicht gemacht. Das *Vulkan*-Papier sank bis zum Flohmarktpreis von 2,20 DM. Wenn es Hintermänner gab, dann war nicht »Aktienbereinigung«, sondern »Marktbereinigung« ihr Ziel.

Selbst Bernd Seite, Ministerpräsident von Mecklenburg-Vorpommern, klagte, »der *Vulkan* scheine mit voller Absicht schlecht gemacht zu werden«. Und die *Wirtschaftswoche* ergänzte: Seite dürfte damit die Banken meinen, allen voran die *Dresdner.* »Die hat zusammen mit der *Commerzbank* beim *Vulkan* als Großkreditgeber das Sagen. Beide mischen beim *Vulkan*-Konkurrenten *Thyssen* mit. Ihr Verbündeter ist der Bremer Anwalt Joachim Theye, gleichzeitig enger *Thyssen*-Berater!«

Die Suche nach einem geeigneten Hennemann Nachfolger verlief schwierig. Bis Dezember wurde man weder auf deutschem noch auf internationalem Markt fündig. Die absonderlichsten Namen wurden ins Spiel gebracht. Von Ex-Bürgermeister Wedemeier bis zu einem Hamburger Kaufmann, der erfolgreich ein mittelständisches Unternehmen von 500 Mitarbeitern geführt hatte, aber mangels Masse von der Arbeitnehmerseite abgelehnt wurde.

Als habe man es bewußt darauf angelegt, die Neubesetzung des Vorstandes hinauszuzögern, begnügte man sich mit Verlautbarungen, von denen die *Frankfurter Allgemeine Zeitung* schrieb, sie klängen wie das Eingeständnis der eigenen Hilflosigkeit: Mit verschiedenen Persönlichkeiten habe man Gespräche geführt, mehrere Kandidaten in die engere Auswahl genommen und ein Verfahren festgelegt, das zur Bestellung eines Vorstandes führen werde. So hatte am Ende Friedrich Hennemann nicht ganz Unrecht mit der Behauptung, die Führungslosigkeit des Konzerns sei Schuld an der Katastrophe. Eine Teilschuld tragen die Verzögerungstaktiker der sogenannten »Findungskommission« allemal. Derweil verlief der Untergang des *Vulkan* weiter fast wie nach Plan.

Um die totale Verpfändung des Verbundes bei einem möglichen Konkursverfahren nicht aufs Spiel zu setzen, brauchten die Banken im Moment vor allem zweierlei: Zeit und einen Vertrauten, der bereit war, innerhalb der gesetzlich festgeschriebenen Frist zum Amtsgericht zu gehen. Gemäß Konkursrecht sind alle Sicherungsmaßnahmen innerhalb von sechs Monaten vor dem Vergleichs- beziehungsweise Konkursantrag anfechtbar. Deshalb durfte keinesfalls vor Februar 1996 ein Nachfolger von Hennemann dessen Job antreten, wollte dieser nicht die Millionen von der Bank und sich selbst gefährden. Denn allzu groß war die Gefahr, später wegen Konkursverschleppung verfolgt zu werden. Also hatte das Führungskomitee ausreichend Zeit, den richtigen Mann für diese heikle Aufgabe zu finden.

Am 15. Dezember 1995 wurde er schließlich gekürt, Udo Wagner, bis dahin Finanzchef bei *ABB*. Wagner stand zur Verfügung, weil sein Vertrag nicht mehr verlängert werden sollte. Daß es sich um ein Himmelfahrtskommando handelte, sah der Manager sehr genau. Er verlangte eine Garantieabfindung in Höhe von 10 Millionen Mark, für den Fall, daß seine Mission vorzeitig scheitern sollte. Eine Forderung, die die Arbeitnehmer im Aufsichtsrat als unverschämt ablehnten. Die Banken sprangen mit einer garantierten Abfindungssumme von sechs Millionen ein. Wagner unterschrieb, konnte jedoch erst im Februar 1996 nach Bremen wechseln. Welch günstiger Zufall. Genau drei Wochen nach Amtsantritt, der gesetzlichen Frist, konstatierte der neue *Vulkan*-Chef Zahlungsunfähigkeit und stellte beim Bremer Amtsgericht Vergleichsantrag. Als Konkursverwalter wird der Berufsoptimist und Star unter den Konkursanwälten in Deutschland, Jobst Wellensiek eingesetzt. In Bremen kommt mit ihm mehr Hoffnung auf als mit Udo Wagner. Er hat den Hanseaten schon einmal aus der Patsche geholfen und nach der *Klöckner*-Pleite an der Weser Tausende von Arbeitsplätzen gerettet. Das ist noch unvergessen in der Hansestadt.

Zu einem Vergleich indessen wird es im Falle *Vulkan* nicht kommen, weil es ungewiß ist, ob der Werftenverbund die gesetzlich festgeschriebene Quote von 35% Schuldentilgung erfüllen kann.

So wird am 1. Mai 1996 der Anschlußkonkurs eröffnet. Zynismus des Schicksals: Der *Tag der Arbeit* wird für 22 000 Menschen zum Tag der Arbeitslosigkeit. Die Politiker allerdings predigen weiter das Prinzip Hoffnung. Für Bürgermeister Henning Scherf bedeutet die Konkurseröffnung noch lange nicht das Aus für die Beschäftigten. Er sieht in diesem Ende »zugleich die Chance für einen Neubeginn«. Wohl dem, der angesichts des Todes noch vom Leben reden kann.

Zwei Wochen vor Weihnachten 1996 sollten die Arbeiter und Angestellten dann erfahren, daß der Traditionsbetrieb *Vulkan* in Bremen Vegesack nach 103 Jahren spätestens im darauffolgenden Sommer seine Pforten schließen werde. Statt Protesten legt sich Lähmung über die Stadt an der Weser.

Wenige hundert Arbeiter mit roten Helmen stehen vor dem Rathaus und rufen: »Kommt raus, sonst kommen wir rein!« Doch keiner traut sich, den ersten Schritt zu machen. Drinnen gelingt es dem Konkursverwalter zusammen mit der Landesregierung, der EU in Brüssel einen letzten Zuschuß in Höhe von 42 Millionen Mark abzuringen, der immerhin garantiert, daß zwei Containerschiffe zu Ende gebaut werden können. Arbeitshilfe als Sterbehilfe.

Im Laufe des Konkursverfahrens wird Verwalter Wellensiek das Erstaunliche gelingen, innerhalb von nur zwei Jahren fast zwei Milliarden Mark aus dem angeblich maroden Unternehmen zu erwirtschaften. Den höchsten Erlös bringt der Verkauf von *Atlas Elektronik* mit 550 Millionen, eine unter Konkursbedingungen hervorragende Summe.

Zu einem Vergleich wird es dennoch nicht kommen, denn alle veräußerten Werte waren verpfändet – sicherungsübereignet, überwiegend an die Banken. Die hatten sich während der letzten Lebensmonate des *Vulkan* Verbundes derart abgesichert, daß sie nicht einmal 10% ihres Einsatzes verloren. Anfang März 1998 überweist der Konkursverwalter den beteiligten Banken insgesamt 1,3 Milliarden Mark. Profitiert aber haben auch andere vom Untergang des *Vulkan*. An erster Stelle jene Großwerften, denen ein Teil des Marktes zufällt, den zwar der *Vulkan* Verbund beherrscht hat. Immerhin standen am Schluß Aufträge im Wert von acht Milliarden Mark in den Büchern der Bremer, was einen Marktanteil von annähernd zehn Prozent entspricht.

Ein wahres Schnäppchen hat die Nachbarwerft *Lürssen* in Vegesack gemacht. Die Nobelwerft, weltberühmt für ihre schicken und schnellen Motoryachten für Milliardäre, ist auch im Marineschiffbau engagiert. Bislang allerdings nur im Bereich Minensucher und Schnellboote. Mit dem Kauf des militärischen Schiffbaus vom *Vulkan* für eine Mark hat die Familie Lürssen Grund und Boden sowie ein überdachtes Baudock und Werftanlagen im Millionenwert erworben, dazu sechzig hochqualifizierte Ingenieure, die dem Unternehmen das notwendige Know-How für die Konstruktion von Korvetten und Fregatten garantieren. Für die Übernahme dieses *Vulkan*-Anteils und die Abgabe einer Beschäftigungsgarantie für die 60 Fachleute erhielt man noch 20 Millionen Mark als Überbrückungsbeihilfe und stieg zudem automatisch in die Arbeitsgemeinschaft Fregatte 124 ein, die für die Bundesmarine drei Schiffe im Wert von mehr als drei Milliarden Mark fertigt.

Auch die Ostwerften, die dem *Vulkan* 850 Millionen Mark gepumpt hatten, kamen ohne größere Verluste davon. Aber nur, weil gegen Friedrich Hennemann ein Strafverfahren läuft. Bei einem normalen Konkurs wären die ausgeliehenen Gelder für die Ostwerften verloren gewesen. Neue Beihilfen wären von der EU nicht mehr genehmigt worden. Da jedoch der Verdacht der Veruntreuung erhoben wurde, konnte Brüssel einem neuen Milliardenzuschuß zustimmen.

Abkassiert hat auch der frühere Großaktionär Thyssen. Der Baron stellte dem untergegangenen Werftenverbund, wie gesagt, eine Rechnung über fünf Millionen Mark für seine Dienste als Berater beim Kauf der Ostwerften und während der Übernahmeverhandlungen mit der *Treuhand* in Mecklenburg Vorpommern. Außerdem 500 000 Mark Leihgebühren für Gemälde aus seiner privaten Sammlung – Kunstwerke, mit denen Friedrich Hennemann die Flure der Konzernzentrale hatte schmücken lassen.

Nicht schlecht verdient hat auch der letzte Vorstandsvorsitzende der Bremer *Vulkan Verbund AG*, Udo Wagner. Der von den Banken eingesetzte Nachfolger kassierte für seine dreimonatige Tätigkeit sechs Millionen Mark. Hennemanns Abfindung erreichte knapp ein Drittel davon. Jobst Wellensiek hat seine Endabrechnung noch nicht geschrieben; sie dürfte bei mindestens 20 Millionen Mark liegen.

Die leeren Hände des Untersuchungsausschusses

Bescheiden ist hingegen das Ergebnis des Bremer Untersuchungsausschusses. Nicht nur, weil das elfköpfige Gremium ausschließlich mit Laienspielern besetzt war, da nicht ein einziger der Ausschußmitglieder jemals zuvor etwas mit Schiffahrt oder Schiffbau, geschweige denn etwas mit dem *Vulkan* zu tun gehabt hat – was an der Weser nicht leicht fallen dürfte.

Auf der mühsamen Suche nach versickerten Millionen

hatten die Ausschußmitglieder ebenso Schwierigkeiten, sich im Dickicht des Bremer Filz zurechtzufinden, wie die Ermittler der Staatsanwaltschaft. Ein Jahr lang sammelten sie längst Bekanntes, füllten mehr als 1000 Aktenordner mit den Aussagen von Dutzenden von Zeugen – ohne zu wesentlich neuen Ergebnissen zu gelangen. Die einzige Neuigkeit war die enge vertragliche Verstrickung zwischen Politik und *Vulkan*-Management. Und wen das noch überraschte, der mußte lange blind durch die Bremer Wirklichkeit gegangen sein.

Der Ausschußvorsitzende Herrmann Kuhn von den Grünen zeigte sich äußerst unzufrieden mit den Ergebnissen der Vernehmungen von Vorstandsmitgliedern, Aufsichtsräten und Wirtschaftsprüfern: »Wenn ich an die Reihe der Aufsichtsratsmitglieder denke, muß ich sagen, viele Ritter von der traurigen Gestalt, auch der eine oder andere Sancho Pansa – der strahlende Held war nicht dabei.«

Für den Kollegen Jens Böhrnsen, SPD, liegt die Ursache des Zusammenbruchs im völligen Versagen des Managements: »Die Vorstandsmitglieder wachten eitel und eifersüchtig über eigene Machtbereiche, statt gemeinsam daran zu arbeiten, einen arbeitsteiligen Verbund aus einem Guß zu schaffen. Und die CDU-Fraktion führt das Versagen darauf zurück, daß dem *Vulkan* die notwendigen fähigen Führungskräfte fehlten: Hennemanns Personalpolitik war gekennzeichnet davon, kritische Begleiter im Vorstand und Aufsichtsrat schnell und ohne Aufsehen los zu werden.«

Methoden und Mittel des *Vulkan*-Chefs aufzuhellen, gelang dem Untersuchungsausschuß nicht. Und schaut man sich die Liste der Zeugen genauer an, so fragt man sich, inwieweit das überhaupt angestrebt war. Warum zum Beispiel, wurde Jutta Simon nicht befragt? Nicht einmal ihr Name taucht in den Protokollen auf. Ebensowenig der des EU-Kommissars Martin Bangemann, der Hennemanns Großzügigkeiten doch in vollen Zügen genoß.

Der Prozeß

Die Richter im Strafprozeß gegen Friedrich Hennemann werden es nicht leichter als die Politrechercheure haben. Im Raum steht der Vorwurf, Friedrich Hennemann habe 850 Millionen Mark unrechtmäßig verwendet, die dem Konzern von seiten *Treuhand* ausschließlich für Investitionen in den ostdeutschen Werften zur Verfügung gestellt worden waren. Allein 253,4 Millionen Mark seien von den Subventionen für *Dörries Scharmann* abgezweigt worden.

Mit an Sicherheit grenzender Wahrscheinlichkeit wird sich nicht nachweisen lassen, aus welchen Geldern sich die am Stichtag 31. Dezember 1995 im Central Cash Management befindlichen 850 Millionen zusammensetzten. Zwar ist unbestritten, daß zum Beispiel *Dörries Scharmann* aus der zentralen Kasse mehr als 200 Millionen Mark als Kredit erhalten hat; ob dieser Kredit allerdings aus Investitionsgeldern stammt, kann wohl niemand mit Bestimmtheit sagen.

Falsch ist mit Sicherheit zum einen die nach wie vor zu hörende Behauptung, die Treuhandmittel seien nicht ausschließlich für Investitionen zur Verfügung gestellt worden, also nicht investitionsgebunden gewesen; zum anderen die Behauptung, ein großer Teil der Gelder im Central Cash Management sei aus ganz anderen Quellen, wie Rückzahlungen von Umsatzsteuer, Schiffbauanzahlungen, Zinsen gekommen. Im streng vertraulichen Gutachten von *Susat und Partner* heißt es hierzu: »Die eingehenden Zahlungen vermischten sich bei der *MTW Werft* und der *Volkswerft* sowie im Cash Management, so daß von einer untrennbaren Vermengung ausgegangen werden kann.«

Auch die Wirtschaftsprüfer von *KPMG* kommen zu diesem Ergebnis:

»Die wesentlichen, nicht direkt verwendeten Geldeingänge aus den unterschiedlichsten Finanzquellen wurden zu einer einzigen Finanzierungsquelle zusammengefaßt.« Eine Zuordnung könne nur unter Annahme von bestimmten Verwendungsfiktionen geschätzt werden. Nach *KPMG* setzt sich der Betrag von 854 Millionen wie folgt zusammen: »BVS Gelder 57 Millionen, Zinserträge 275 Millionen, Darlehen 112 Millionen, Verkauf von Schiffsbeteiligungen 83 Millionen, Beleihung von Forderungen 69 Millionen, Anzahlungen von Reedereien 114 Millionen, sonstiges 144 Millionen.«

Da läßt sich im Nachhinein kaum feststellen, welche Gelder im Cash Management aus Treuhandtöpfen stammte, zumal ständig eingezahlt und abgehoben wurde. Der geringste Teil jedenfalls dürfte aus Berlin und Brüssel gekommen sein. Die für Investitionen bestimmten Mittel können es nicht gewesen sein. Denn die sind bis auf rund 50 Millionen zweckentsprechend eingesetzt worden. Zu diesem Ergebnis kommen immerhin richtige Berufsrichter. In einem in der Öffentlichkeit erstaunlicherweise wenig beachteten Urteil des Landgerichts Bremen vom 19. November 1997 heißt es sogar: »Insgesamt war mehr investiert worden als an Zuschüssen ausgezahlt beziehungsweise zugesagt war. Die Klage der BVS ist abzuweisen!«

So endet der Versuch des BVS-Präsidenten Hornef, den Vorstand der *Vulkan Verbund AG* auf Schadensersatz in Höhe von jeweils 9,7 Millionen zu verklagen. Die Kosten des Verfahrens hat die *Treuhand*-Nachfolgerin zu tragen.

Der Bremer *Vulkan*, so befanden die Richter, sei als wirtschaftlicher Alleingesellschafter berechtigt gewesen, über das Vermögen der Ostwerften ohne Rücksicht auf dessen Herkunft nach Belieben zu verfügen. Außerdem, so heißt es in der Urteilsbegründung, »die Verpflichtung, die Gesellschaft und deren Betriebe so zu führen, daß nicht noch einmal Bedarf an öffentlichen Hilfen entstehe, hat der *Vulkan* nicht übernommen. Niemand hätte eine solche Verpflichtung vernünftigerweise übernehmen können. Das Risiko wäre unübersehbar und unbeherrschbar.« Im übrigen habe die Bremer *Vulkan Verbund AG* (BVV) »unzweideutig klargestellt«, daß sie auf uneingeschränkter Geltung des Kaufvertrages beharre und keine Zweckbindung des Gesamtausgleichsbetrags akzeptiere. »Die *BVV* war also grundsätzlich durch die gesellschafterliche Treuepflicht nicht gehindert, ihrer *MTW* Vermögen zu entziehen, und zwar unabhängig davon, ob *MTW* Gewinn erzielt hätte, und ohne Einhaltung von besonderen Formvorschriften.« Ein Freispruch erster Klasse.

Die Bremer Staatsanwaltschaft allerdings ist da anderer Ansicht. In der Anklage gegen Friedrich Hennemann und zwei Vorstandskollegen aus dem Osten geht der Ermittler von einem besonderen Treueverhältnis zwischen Ost und West aus: Die Konzernmutter sei zu einem pfleglichen Umgang mit dem Vermögen der Tochtergesellschaft verpflichtet. Die Bremer Richter berufen sich dabei auf ein Urteil des Bundesgerichtshofs aus dem Jahr 1995. Beim *Vulkan* kommt nach Ansicht der Staatsanwaltschaft dieser Verpflichtung eine besondere Bedeutung zu. Ehemalige DDR-Betriebe in die Verhältnisse der sozialen Marktwirtschaft einzugliedern sei nicht vergleichbar mit einem üblichen Unternehmenskauf und erfordere deshalb außergewöhnliche Pflichten.

Mitten in diesen Gedankengängen wurde der Bremer

Staatsanwalt Burkhard Quick von einer bemerkenswerten Anfrage überrascht. Im Januar 1998 nämlich wollte das Bremer Amtsgericht wissen, ob der Haftbefehl gegen Dr. Friedrich Hennemann aufgehoben werden könne. Schließlich stünde in den Zeitungen zu lesen, das Verfahren werde eingestellt. Mit einer für Staatsanwälte außergewöhnlichen Schnelligkeit machte Quick seinem Namen alle Ehre und teilte dem Gericht zwei Tage später mit, daß solche Presseberichte jeglicher Grundlage entbehrten. Die Anklageerhebung sei in Vorbereitung. Eine Aufhebung des Haftbefehls komme deshalb zur Zeit nicht in Betracht.

Für Quick war der Fall längst klar. Hennemann ist in seinen Augen ein treuloser Trickser und nicht der brave Biedermann, für den ihn viele allzu lange gehalten haben – einschließlich Helmut Kohl. Selbst während der Pleitephase des *Vulkan* gelang es dem Bremer Bürgermeister Scherf nur mit Mühe, den Bundeskanzler in einem persönlichen Gespräch vom Gegenteil zu überzeugen. Die privaten Fehltritte des Friedrich Hennemann waren für jedermann sichtbar. Nicht ganz so einfach hingegen war es, die Untreue gegenüber seinen ostdeutsche Kollegen nachzuweisen. Dazu bedurfte es fast zweijähriger Ermittlungen, einer Sonderkommission des Bundeskriminalamtes, der Vernehmung von 31 Zeugen, der Durchsuchung von 21 Wohnungen und Büros zwischen Bremen und Grünwald.

Die Kriminalbeamten aus Wiesbaden haben sich bei ihren Ermittlungen redlich Mühe gegeben, dem Staatsanwalt eine ausgiebige Vorlage für seine Anklage abzuliefern. Sogar die wirtschaftliche Lage der Werften im globalen Wettbewerb haben sie beurteilt. Die weltweite Praxis der Subventionen im Schiffbau zeige die besondere Brisanz, die in den Privatisierungsbemühungen der *Treuhand* gesteckt habe.

Die Ermittler lassen das Argument des früheren *Vulkan*-Chefs nicht gelten, er habe für eine Million Mark ein paar entschuldete Ostwerften gekauft und die Milliarden Subventionen dazu. Mit Ausnahme der Investitionsmittel habe er mit den Geldern machen können, was er wirtschaftlich für richtig hielt.

Da alle grundsätzlichen Entscheidungen in den Ostwerften wie die Überweisungen in die zentrale Kasse des *Vulkan* von dem Vorstand aus Bremen bestimmt worden seien, sahen die Beamten aus Wiesbaden in den Ostmanagern reine Erfüllungsgehilfen. Dem Vorstandsvorsitzenden und den Finanzvorständen falle demzufolge eine besondere Verantwortung zu.

Außerdem muß der Staatsanwalt bei seiner Anklage die »bedeutsame Besonderheit« berücksichtigen, daß die Ostwerften den Verantwortlichen des Bremer *Vulkan*, von der *Treuhand* mit erheblichen Mitteln ausgestattet, gleichsam anvertraut wurden. Den Managern in Bremen waren die historischen und politischen Hintergründe und die daraus resultierenden Probleme der Wirtschaftsunternehmen und ihrer Beschäftigten in den neuen Bundesländern bekannt – glaubten die Ermittler.

Und so verwiesen sie den Staatsanwalt darauf, daß für die Maßnahmen der Umstrukturierung Bedingungen galten, die gegenüber einem üblichen Unternehmenskauf weitergehende Pflichten beinhalten. Diese bestehen in erster Linie darin, die zum Erlangen des Ziels gezahlten Gelder eben nur hierfür einzusetzen. Andernfalls sei darin eine Pflichtverletzung zu sehen. »Diese Verpflichtung ist nicht nur auf die Beihilfen der *Treuhand* anzuwenden, sondern auf das gesamte Betriebsvermögen der Ostwerften auszudehnen. Andernfalls wäre das Erreichen des geplanten Zieles gefährdet, da die wirtschaftliche Konzeption der Ostwerften und der Erfolg der Umstrukturierung die vorhandene und durch Beihilfen sowie Darlehen aufgestockte Vermögenslage zugrunde legt.«

Zusammenfassend stellen die Ermittler zum Verdacht der Untreue fest, daß es die zuständigen Vorstandsmitglieder für Finanzen mit dem Vorsitzenden gewesen seien, die den Geldtransfer von den Ostwerften zum *Vulkan* nach Bremen initiierten, genehmigten und durchführen ließen. Die Privatisierung der Ostunternehmen mit der klaren Zielvorstellung, die abgeschlossenen Verträge mit den an den Zielen ausgerichteten Pflichten, der maßgebliche Einfluß und Forderungen der EU-Kommission in Brüssel, der Einsatz von erheblichen öffentlichen Geldern und die Festlegung des Zeitraums für einen Sonderstatus der Ostunternehmen begründen eine besondere Treuepflicht im Sinne des Gesetzes.

Ähnlich wie zuvor die Wirtschaftsprüfer und Gutachter der *Treuhand* sowie die Finanzexperten des Bundesrechnungshofs konnten auch die Beamten des BKA dem früheren *Vulkan*-Chef Hennemann nicht das Wasser reichen, als es darum ging, sich im Dschungel der Subventionen zurechtzufinden. Ihnen fehlte der Pfadfinder Friedrich. Sie stellten zwar fest, daß der *Vulkan* bereits im Juni 1995 ein Minussaldo von mehr als einer halben Milliarde aufwies und zu diesem Zeitpunkt bereits die Rede von einem »Ordnungsverfahren« war, also den Gang zum Konkursrichter, was die Betroffenen seinerzeit noch nicht beim Namen zu nennen wagten.

Die exakte Summe der veruntreuten *Treuhand*-Millionen aber fanden auch die Beamten des Bundeskriminalamtes nicht. Ihre Schätzung liegt bei rund der Hälfte der immer wieder zitierten 850 Millionen Mark, die zur Zeit der *Vulkan*-Pleite im Central Cash Management lagen. Dafür weisen sie nach, wie das Cash Management bis kurz vor dem Konkurs funktioniert hat, nicht nur zum Vorteil des Bremer *Vulkan*, sondern auch seiner Hausbank, der *Commerzbank*. Schließlich rotierten die Milliarden zwischen Ost und West über die *Commerzbank*-Konten. Wenn Friedrich Hennemann behauptet, die *MTW Werft* in Wismar habe selbst im Dezember aus dem gemeinsamen Topf in Bremen Geld abheben können, so ist das richtig. Denn *MTW* hat bis Dezember auch fleißig das Mehrfache von dem eingezahlt, was sie rausbekommen hat. Das letzte halbe Jahr vor der Pleite des *Vulkan* wurden die Brüder im Osten laut Schilderungen der Kripobeamten ausgenommen wie polnische Weihnachtsgänse. So reiste der Leiter der Finanzabteilung in Bremen Günter Schmidt im Sommer 1995 zum Beispiel nach Wismar, um Geld zu beschaffen. Aus Konzerninteresse sei es notwendig, die sechs im Bau befindlichen Schiffe zu beleihen. Die *MTW*-Manager wehrten sich, denn ihre Liquiditätsplanung sah eine Schiffbaufinanzierung erst ab 1998 vor. Schließlich lagen Millionen im Central Cash Management in Bremen. Aber eben das mußte neu aufgefüllt werden. Die ostdeutschen Kollegen wurden gezwungen, bis Dezember bei der *Commerzbank* in Hamburg 236 Millionen Mark zu pumpen. Diese wurden sofort in die Bremer Kassen weitergeleitet. Drei Tage vor Heiligabend 1995 rief Günter Schmidt in Wismar an und bat, die letzte Bauzeitfinanzierung um 28 Millionen Mark zu erhöhen, sonst könnten die Löhne für die *MTW*-Arbeiter aus dem Central Cash Management nicht mehr bezahlt werden. Die Ostmanager lehnten ab und verlangten eine Gesellschafteranweisung. Dazu kam es nicht mehr. Am 21. Februar 1996 war der *Vulkan* zahlungsunfähig und mußte das »Ordnungsverfahren« einleiten. Ähnliche Überlebensversuche des *Vulkan* entdeckten die Beamten aus Wiesbaden auch in Stralsund. Die *Volkswerft* nahm im »Konzerninteresse« Kredite auf, die sie selbst überhaupt nicht benötigte. Bis Dezember überwies sie nach Bremen rund 97 Millionen Mark.

Gemäß Ermittlungen des BKA muß der Bremer Staatsanwalt davon ausgehen, daß Hennemann bereits im Mai 1995 von Liquiditätsproblemen wußte, also vor der berühmten Hauptversammlung, auf der er Dividenden in Aussicht gestellt hatte. Dies geht aus zwei Vorgängen hervor. Erstens, dem Briefwechsel mit den Unternehmensberatern von *Boston Consult,* in dem eine Bewertung der bestehenden Planungsrisiken und der Entwurf eines Maßnahmenkatalogs zur Cash-Flow-Optimierung erbeten wird.

Zweitens, den Verhandlungen mit der englischen Finanzierungsgesellschaft *Lehman Brothers.* Die Bremer brauchten 300 Millionen Mark, die angeblich dem wertsteigernden Ausbau des Konzerns dienen sollten. Als Möglichkeit einer Kapitalmarktfinanzierung wurden Schuldscheindarlehen gewählt. Außerdem wurde das Unternehmen beauftragt, Vorschläge für die Reorganisierung des Werftenverbundes zu erarbeiten. *Lehman Brothers* gab dem Projekt sinnigerweise den Namen von Ikarus' Vater, Dädalus. Der eine stürzte ab, der andere verwirrte die Mitmenschen im Labyrinth des Minos auf Kreta.

Bei ihrer Durchsuchungsaktion stellten die BKA-Beamten später Unterlagen sicher, aus denen ersichtlich war, daß *Vulkan*-Mitarbeiter zur gleichen Zeit bereits die Koffer gepackt hatten, um in Korea und Japan während einer Road-Show um Kreditgeber zu werben. Als im September 1995 in der Presse über Liquiditätsprobleme des *Vulkan* berichtet wurde, stieg *Lehman Brothers* aus dem Projekt aus.

Aus dem regen Schriftverkehr der verschiedenen *Commerzbank*-Filialen zwischen Juli und Dezember 1996 kann der Staatsanwalt herauslesen, wie sehr die Hausbank in den *Vulkan*-Absturz verwickelt war und wie sie rechtzeitig den Fallschirm zum Absprung aufspannte. Ende Juli zeigte man noch Verständnis für die überraschend beantragten Kredite für die Ostwerften: »... waren wir eigentlich davon ausgegangen, daß die Ostwerften in 1995 noch keine Bauzeitfinanzierung benötigt, derweil solche Finanzierungen, die für jede Werft ein selbstverständliches Instrument darstellen, ab 1996 vorgesehen waren. Bedarf besteht jedoch heute, insbesondere durch zur Zeit nicht freiwerdenden, festgelegten Treuhandgelder von rund 464 Millionen Mark, deren Freigabemodalitäten auf der Ebene *Vulkan* und der *Treuhand*-Nachfolgerin *BVS* noch endgültig geklärt werden.«

Doch schon drei Tage später stellte die Zentrale in Frankfurt fest: »... offenbar durch einen Planungsfehler beim *Vulkan* eine Liquiditätslücke entstanden ist, die kurzfristig in Form von Zusatzkrediten durch die Hausbank zu schließen ist.« Und noch in derselben Woche macht eine Mitteilung der Hamburger Kollegen die Frankfurter Kreditzentrale hellhörig: »... in Abstimmung mit der Filiale Bremen und auf Bitten des *Vulkan* Vorstandes werden wir die Bauzwischenfinanzierung für *MTW* und *VWS* vorübergehend um 30 Millionen Mark erhöhen.«

Genau einen Monat also hat es gedauert, bis die *Commerzbank* die Reißleine zog. Nachdem der Bankvorstand und Aufsichtsratsmitglied beim *Vulkan* Klaus Müller-Gebel am 3. Juli im Kreditausschuß seines Hauses den positiven Jahresabschluß des *Vulkan* und »den beachtlichen Swing von 250 Millionen Mark« gewürdigt hatte, wurde die Kreditabteilung deutlich: »Halten wir fest, daß die nicht geplante Liquiditätslücke sich nunmehr auf rund 200 Millionen Mark erhöht hat, wovon nur etwa die Hälfte begründet ist. Der *Vulkan* ist nunmehr massiv aufzufordern, die aktuelle finanzielle Situation darzulegen.«

Friedrich Hennemann antwortet mit dem bekannten Hinweis auf »unberechtigte Vorbehalte der *THA*-Nachfolge, Verzögerungen in der Freigabe von 242 Millionen sowie nicht bezahlter Ansprüche in Höhe von 118 Millionen, sowie Einnahmeverzögerungen aus dem laufenden Geschäft in Höhe von 400 Millionen Mark« und beantragt gleichzeitig einen 300-Millionen-Kredit.

Am 21. August erfuhr die *Commerzbank* in einem Gespräch mit Vertretern des Bremer Senats, daß der *Vulkan* möglicherweise Ende des Monats zahlungsunfähig ist und Konkurs beantragt werden muß. Bei der Bewilligung des Konsortialkredits von 300 Millionen, an dem die Bank mit 100 Millionen beteiligt ist, sichert sich die Hausbank entsprechend ab. Im November ist auch die letzte müde Mark des *Vulkan* verpfändet, einschließlich der milliardenschweren Tochter *Atlas Elektronik*, die im Konkursfall der *Commerzbank* gehört.

Die Lektüre eines Faxes vom 11. Oktober 1995, das die Ermittler bei der *Commerzbank* gefunden haben, hätte den Staatsanwalt eigentlich Lust verspüren lassen müssen, eine weitere Anklageschrift zu verfassen. Da teilt die Bremer

Bankfiliale der Zentrale in Frankfurt zufrieden mit, daß EU-Mittel in Höhe von 194 Millionen Mark im Central Cash Management eingetroffen seien. Jetzt bewege man sich im Rahmen der vorgesehenen Restvalutierung. Mit dieser Mitteilung bewegte sich die Bank im Kreis derer, die *Treuhand*-Gelder für eigene Zwecke nutzten, anstatt sie den Werften in Wismar und Stralsund zukommen zu lassen. Die *Commerzbank* machte sich bis zum Untergang der *Vulkan*-Connection zum Verbündeten der Abzocker aus Bremen.

Als sie ihr Engagement im Werftenverbund genügend abgesichert hatte, schrieb sie Hennemann und Co. ab. Bankvorstand Müller-Gebel gab später zu, die Abberufung des *Vulkan*-Chefs gemeinsam mit Bremens Bürgermeister Scherf beschlossen zu haben. »Ich hatte nicht den Eindruck, daß Dr. Scherf sich einem Votum entgegen werfen würde.« Für Scherfs Vorgänger Wedemeier war die Abwicklung beschlossene Sache, nicht nur das Fallenlassen der Person Hennemann, sondern des gesamten *Vulkan* und seiner 25 000 Mitarbeiter: »Seitdem die *Commerzbank* ein Aktienpaket von *Thyssen* in Höhe von 25,1% hält, hat die Bank ihre Interessen im Werftengeschäft zugunsten von *Blohm und Voss* verlagert.«

Die letzten Wochen der *Vulkan Verbund AG* vor dem Vergleichsantrag mit anschließendem Konkurs schildern die Kriminalbeamten aus Wiesbaden dem Staatsanwalt so: Am 29. November wird eine Verpfändungsvereinbarung gegenüber der *Commerzbank*-Filiale Bremen unterzeichnet, worin sämtliche Geschäftsanteile an der *Vulkan Elektronik GmbH* verpfändet werden. Die folgenden Tage und Wochen sind geprägt von weiterem Liquiditätsbedarf, Kontoüberziehungen und Risikobegrenzung. So wird am

13. Dezember festgehalten, daß von den zuständigen Gremien der bremischen Bürgerschaft eine 100%ige Landesbürgschaft über einen Kredit von 132 Millionen Mark genehmigt wurde. In der Kreditvorlage vom 21. Dezember wurde hervorgehoben, daß der Januar ohne weitere öffentliche Hilfe nicht zu überstehen ist. Lösungsmöglichkeiten zur Abwendung der Zahlungsunfähigkeit des Konzerns werden vorgeschlagen. Der Bremer Senat erklärt sich nach einer Sondersitzung am 21. Dezember bereit, unter bestimmten Bedingungen Bauzeitfinanzierungsbürgschaften zu übernehmen, hält es aber für erforderlich, daß noch im Dezember eine enge Abstimmung zwischen dem Vorstand des *Vulkan* und dem Senat zur Lösung der anstehenden schwierigen Probleme zustande kommt.

Vom 27. bis 29. Dezember hält der Hamburger *Commerzbank*-Chef de Maiziere in mehreren Vermerken fest, daß die vorstehende Abstimmung zeitlich nicht durchführbar sei. Das Land bestehe auf seinem Treffen mit dem neuen Vorsitzenden. Der war zwar nach dreimonatiger, intensiver Suche vom Aufsichtsrat ernannt, hatte seinen Dienst jedoch noch nicht angetreten.

In einer Notiz des Hamburger *Commerzbank*-Chefs vom 8. Januar 1996 über ein Telefonat mit dem Bremer Senatsdirektor Keller kalkuliert das Land Bremen offensichtlich die mögliche Zahlungsunfähigkeit des Verbundes mit ein.

Die *Commerzbank* Bremen faxte am 1. Februar der Zentrale in Frankfurt, daß man nach den Verhandlungen des Vortages von einer kurzfristigen Einleitung des Ordnungsverfahrens durch den Vorstand des Bremer *Vulkan* Verbundes ausgehen muß.

Am 21. Februar wurde ein Antrag auf gerichtlichen Vergleich gestellt und ein gerichtliches Vergleichsverfahren eingeleitet, das ab 1. Mai in ein Anschlußkonkursverfahren übergeleitet wurde.

Bei der Ermittlung des entstandenen Schadens ging das BKA davon aus, daß allein die vom *Vulkan* erworbenen Werften *MTW* in Wismar und *VWS* in Stralsund 2,5 Milliarden Mark von der *Treuhand* erhalten haben. In dieser Summe waren rund eine Milliarde für Investitionen vorgesehen. Der *Vulkan* hatte sich verpflichtet, davon rund 300 Millionen Mark aus eigenen Kassen zu bezahlen. In ihrem Abschlußbericht kommen die BKA-Beamten zu dem Ergebnis, daß die Bremer bis Ende 1995 etwas mehr als 500 Millionen im Osten investiert hatten und für weitere 400 Millionen Investitionen bestellt, begonnen, aber noch nicht bezahlt waren. Damit hatte der *Vulkan* bis auf rund 10% seine Verpflichtungen erfüllt, wie sie in den Kaufverträgen vereinbart waren: Ein Bestellobligo gilt bereits als Investition.

Der kleine Unterschied zwischen Recht und Praxis beträfe eine knappe halbe Milliarde an Auftragsvolumen, die wegen des Konkurses nicht mehr bezahlt werden konnten ... In der juristischen Auseinandersetzung wird sich der Angeklagte Hennemann auf die fehlenden 10% zurückziehen und mit der ihm eigenen Art feststellen, diesen Klacks von Investition hätte er auch noch getätigt, wenn man ihn nur gelassen hätte.

Sicherlich wären dem Subventions-König neue Tricks eingefallen, mit denen er sich die notwendigen finanziellen Mittel beschafft hätte. Tricks, mit denen er schon in früheren Jahren die Treuhänder überrascht hatte und für die er den Berlinern noch heute eine Antwort schuldig ist: »Wir dürfen noch einmal auf die hiesigen Schreiben vom 20. 12.

1993, 28. 1. 1994 und vom 10. 2. 1994 zurückkommen. Im Hinblick auf die gegenwärtigen Äußerungen in der Öffentlichkeit bitte ich noch um nähere Erläuterungen zum Thema des Know-How-Transfers gegenüber *MTW*. Nach den uns vorliegenden Lizenzverträgen wurden von *MTW* 50,5 Millionen Mark gezahlt. Antworten auf folgende Fragen erscheinen uns wichtig und zielführend, so daß wir sie möglichst umgehend erbitten: Auf welcher Grundlage sind die Beträge errechnet worden. Warum ist eine Einmal-Lizenz berechnet worden. Warum wurde diese jetzt voll und nicht pro rata temporis belastet ...?« Eine schriftliche Antwort hat es auf diesen Fragenkatalog der *Treuhand* vom Februar 1994 nie gegeben.

Nicht nur über Lizenzgebühren für Auslaufmodelle, wie Staatsanwalt Quick in einem Aktenvermerk festhielt, schröpfte Hennemann die Kollegen im Osten ab. Er stellte der *MTW Werft* in Wismar zum Beispiel für Beratungen und Konzeptentwicklungen, für die Werftmodernisierung 14,4 Millionen Mark in Rechnung. Noch eine Woche vor Hennemanns endgültigem Rücktritt veranlaßte der *Vulkan* die Wismarer, einen kurzfristigen Barkredit in Höhe von 70 Millionen Mark bei der *Commerzbank* Bremen aufzunehmen. Und alle spielten sie mit, einschließlich der Hausbank. Hennemann und *MTW*-Chef Müller müssen sich vor Gericht verantworten. Und die *Commerzbank*? Hinter mögliche Schadensersatzansprüche der *MTW* gegen die kreditgebende und gleichzeitig das Cash-Concentration durchführende *Commerzbank* setzt der Staatsanwalt in seiner Aktennotiz lediglich ein Fragezeichen.

Unstreitig ist für Staatsanwalt Quick der hinreichende Verdacht, daß Hennemann und Co. gegen den Paragraphen StGB 266, Absatz 1, 2 verstoßen haben: »Wer die ihm durch Gesetz, behördlichen Auftrag oder Rechtsgeschäft eingeräumte Befugnis, über fremdes Vermögen zu verfügen oder einen anderen zu verpflichten, mißbraucht oder die ihm kraft Gesetzes, behördlichen Auftrags, Rechtsgeschäfts oder eines Treueverhältnisses obliegende Pflicht, fremde Vermögensinteressen wahrzunehmen, verletzt und dadurch dem, dessen Vermögensinteressen er zu betreuen hat, Nachteile zufügt, wird mit Freiheitsstrafe bis zu fünf Jahren oder einer Geldbuße bestraft.«

Was aber wurde aus Pascal, dem Bootsbauer in Danzig? Was aus »Mephisto«, der so vielfältig geforderten Yacht? Und was aus Dr. Martin Bangemann, dem nicht ganz selbstlosen Freund und Förderer in Brüssel?

Mit der Pleite der *Vulkan Verbund AG* war die *Volkswerft* in Stralsund – und damit die »Hilfsaufseher« beim »Mephisto«-Bau – wieder abgekoppelt vom zwischenzeitlichen Bremer Mutterhaus. Die von dort erteilte Anordnung zur Bauaufsicht in Danzig war hinfällig, die Gelder aus dem Westen bleiben aus. Pascal, der Chef der *Vace-Werft,* konnte seine Arbeiter nicht mehr bezahlen. Die Yacht »im polnischen Tempo« weitergebaut, wie Friedrich Hennemann es vorausgesagt hatte: ohne deutsche Kontrolle, ohne deutsche Qualität. Als Ende 1997 schließlich gestrichen wurde, überpinselten die Maler die Schweißnähte der Stahlplatten, ohne sie zuvor vom Flugrost gereinigt zu haben.

Wenig mehr als tröstende Worte hatte Pascal von seinem einst wichtigsten Ansprechpartner für diesen Auftrag erhalten, wenn er sich über den schleppenden Zahlungseingang und die deshalb verzögerte Arbeit beklagte. Anderes freilich war vom EU-Kommissar nicht mehr zu erwarten.

Nach dem ominösen Autoklau im Jahre 1995 war Bangemann aus der Mannschaft der »Mephisto«-Bauherren ausgestiegen, wohl weil er – nicht ganz zu Unrecht – befürchtet hatte, neugierige Journalisten könnten die privatime *Vulkan*-Connection aufdecken.

Sein Name und seine Einlage in Höhe von 500 000 Mark verschwanden aus dem Handelsregister in Buxtehude. Ein Rückzug, den die »Mephisto« kaum überlebt hätte – wäre nicht, o Wunder, justament diese halbe Million an anderer Stelle als Einlage wieder aufgetaucht: beim Geschäftsführer Lothar Mahling nämlich. Wer nicht in die Schlagzeilen kommen will, der parke sein Geld beim besten Freund.

Aber auch so blieb Bangemann Pascals oberster Chef. Ungeachtet seines offiziellen Ausstiegs aus der Bankgemeinschaft gestaltete der Kommissar aus Brüssel äußere und innere Details der Yacht, gab Anweisungen über Telefon und motivierte den Bootsbauer, wenn mal wieder das Geld ausblieb. Für Pascal bleibt Bangemann der einzige an Bord, der wirklich etwas von Segelschiffen versteht. Sein Austritt aus der »Gesellschaft«, so Pascal über Bangemann, sei reine Formsache gewesen. Und Bangemann wirkte nicht nur an jeder Entscheidung bezüglich einer Fertigstellung der »Mephisto«-Yacht mit, er nahm auch, bis ins Jahr 1998, an nahezu jeder Gesellschaftsversammlung teil.

Während Friedrich Hennemann also Prozeß und Urteil entgegensieht, plant Bangemann in aller Ruhe seinen nächsten Segeltörn – womöglich die Jungfernfahrt der fertiggestellten »Mephisto«-Yacht. Im Gegensatz zu deutschen Ministern ist der zum Zeitpunkt des Erscheinens dieses Buches nach wie vor in Diensten der Europäischen

Union stehende FDP-Politiker keinen Korruptionsparagraphen unterworfen, sondern nur seinem Gewissen.

»Formaljuristisch«, so schreibt die *Süddeutsche Zeitung* am 5. Januar 1998, »hat der Kommissar eine weiße Weste.« Ob er noch ruhig schlafen kann, weiß nur Martin Bangemann selbst.

Namensregister